立人天地

优教
书系

成为父子：

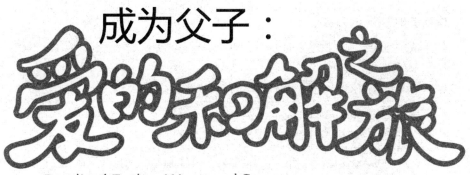

Prodigal Father Wayward Son

【美】山姆·基恩　吉福德·基恩　著
Sam Keen　Gifford Keen

陈子娴　译

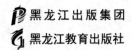

黑龙江出版集团
黑龙江教育出版社

版权登记号：08-2016-056

图书在版编目（CIP）数据

成为父子：爱的和解之旅 /（美）山姆·基恩（Sam Keen）
（美）吉福德·基恩（Gifford Keen）著；陈子娴译.
-- 哈尔滨：黑龙江教育出版社，2016.6
ISBN 978-7-5316-8796-2

Ⅰ.①成… Ⅱ.①山… ②吉… ③陈… Ⅲ.①家庭教育
Ⅳ.①G78

中国版本图书馆CIP数据核字(2016)第154334号

成为父子：爱的和解之旅
CHENGWEI FUZI：AI DE HEJIE ZHI LÜ

作　　者	〔美〕山姆·基恩（Sam Keen）　吉福德·基恩（Gifford Keen）著
译　　者	陈子娴 译
选题策划	杨佳君
责任编辑	宋舒白 杨佳君
装帧设计	Amber Design 琥珀视觉
责任校对	高秀革

出版发行	黑龙江教育出版社（哈尔滨市南岗区花园街158号）
印　　刷	北京鹏润伟业印刷有限公司
新浪微博	http://weibo.com/longjiaoshe
公众微信	heilongjiangjiaoyu
天 猫 店	https://hljjycbsts.tmall.com
E-mail	heilongjiangjiaoyu@126.com
电　　话	010—64187564

开　　本	700×1000　1/16
印　　张	12.75
字　　数	139千
版　　次	2016年9月第1版　2016年9月第1次印刷
书　　号	ISBN 978-7-5316-8796-2
定　　价	30.00元

成为父子：爱的和解之旅

目录

Prodigal Father Wayward Son

149 / 第四部分 回家

前言 邀你共赴和解之旅

本书记录了我们父子敞开心扉向彼此讲述的一系列故事。这些私密且重要的故事，描绘了我们内心深处最痛苦、最柔软的记忆，改善了我们的父子关系，也让我们意识到自己作为父亲、儿子和男人的角色。

这些故事不仅让我们这对父子重新认识了彼此，同时也展示了一段能够有效帮助其他父子重归于好的心路历程。

一些父子会有酗酒或虐待等可怕的往事，但父子之间更常见的却是细小而微妙的伤害。我们父子的情况很平常：一位由于工作和离婚而远离了家庭的父亲，以及一位由于被遗忘而愤懑不已、成年后依然渴望父爱的儿子。

几十年来，我们都无法和睦相处。我们深爱对方，却又彼此厌恶。很多时候，两人相处起来并不愉快，聊着聊着，普通的谈话就可能变为愤怒的争吵。无论我们多么希望，或者付出多大的努力，依旧无法抚平旧日的伤痕，也无法原谅对方。父亲山姆快要八十岁了，五十多岁的儿子吉福德也已经有了自己的家庭。在这种情况下，两人似乎不可能达成和解了。

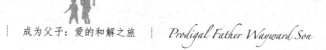

　　然而，两年前的一次激烈争吵过后，我们决定用交换信件的方式来探寻两人争端的根源。一起回首过去，遍寻那些被遗忘已久的痛苦记忆，我们很快便发现，两人一直在为一些鸡毛蒜皮之事反复争执，感情上的冲动远远大于具体的事情。

　　于是，我们开始向其他男性朋友询问他们之间的父子故事，并惊讶地发现，原来这个现象如此普遍。虽然他们的故事很多，内容也千差万别——有些是积极且愉快的，有些远比我们感受到的更可怕，但能从本质上影响父子关系的故事都不超过六个。

　　当我们开始花时间写下并互相分享这些故事时，事情就逐渐变得清晰明朗了。这些顽强地存留了多年的记忆，变成了我们观察对方的有色眼镜。透过有色眼镜，我们不自觉地便曲解了对方的所有语言和行为。我们发现，正是因为这些故事，我们才无法克服对彼此的敌意。

　　神话一旦在阳光下被检验，就失去了它的神秘力量；有色眼镜一旦被摘下，事情的真相就显露了出来。就好像有一座大坝，一直矗立在我们的记忆洪流中，现在却轰然倒塌。那些一直以来被阻塞的记忆奔流向前，涌入我们的脑海；那些灰色和压抑的感觉被一扫而空，取而代之的是光明、色彩和关怀。

　　很快，这一过程便焕发出了蓬勃生机与活力，几十年来形成的恼人怨恨消失了。我们的谈话开始变得轻松，我们彼此尊重、充满情感，就像我们一直以来所渴望的那样。一切都改变了，但这并非易事。我们还是会有争吵，有时仍然需要勇气和耐心去面对那些刻薄和痛苦之事。但也总会有新的记忆出现，来抚平我们的伤痕。

　　本书按照时间顺序，记录了我们的经历以及意料之外的结果。事实证明：私密的故事充满力量，讲述它们可以治愈伤口。但请读者们记住，这不仅是我们的故事，同时也是我们的邀请——邀请你们加入我们父子的这段旅程。你们将会看到，我们父子是如何发现彼此之间敌意的来源、消除根深蒂固的偏见并治愈心底长存的伤口的。

　　你可以将本书看作一张心灵地图，利用它来找到影响你们父子关系的故事和记忆地点。把它们都写下来，告诉对方，看看接下来会怎样。我们父子已经和好，相信你们也可以。

序

父子之间总会有斗争。因为他们一方追求权力，而另一方追求自由。

——塞缪尔·约翰逊

山姆: 那本该是庆祝的时刻。

那一天，圣塔菲的天空蔚蓝澄澈，调皮的微风在白杨树间穿梭，美丽的景色和惬意的感觉使人不禁爱上这个地方。我们一起度过了周末的美好时光。我们去小镇旁的山里远足，努力化解我们之间由来已久的怨恨。在你还是个小孩子而我还是个可怕的父亲时，这些负面的因素就已经存在了。

吉福德: 在这段时间里，从表面看我们是最好的朋友。我终于走上了人生的正轨: 结婚、生子、四十岁便从非常成功的高科技职业中退休。我们每周都通话，一起度过节假日。你也总是向你的朋友们吹嘘我的优秀。

然而从另一方面看，多年以来，我们的关系仍然处于炼狱之中。在表面的友好下，我们仍然不自觉地进行着游击战。在我还是个孩子的时候，这种游击战就已经成为我们共同的负担。微妙的是，我总说你是一个内心腐朽的父亲，但这言语并非出于恶意。而你总是以一种自相矛盾的、含混不清的方式反驳我。你说尽管作为父亲你一直都有很多缺点，但现在我们之间最大的矛盾都来源于我，因为我无法长大，无法放下过去，无法成为一个真正的男人。

总而言之，尽管我们一起建造了你的房屋，一起去露营和远足，甚至积累了上百个小时的交流和沟通，我们依旧停留在当我还是小孩子时就建立起的消极的、以权力为基础的关系模式中。

在过去的三天里，我很坦诚地指出了你的问题。你仍以一种并不明显的方式向我施压，以确保你在我们这个家庭的小团体中的首领地位。我们如今的交流依然存在着过去消极的模式，这也导致了一直以来存在于我们之间的那种淡淡的不适感。

你说，当我总是提起你的离婚和过去那些糟糕的日子时，你非常痛苦。我告诉你，你的反复和矛盾让我绝望。有的时候你非常支持我，而有的时候你却在有意无意地贬低我。

这些交流使我们在过去那些十分棘手的问题上终于有了实质性的进展。这是十年以来的第一次，我们都充满希望。我们终于能够展现真实的自己，建立轻松的友谊。过去我们也曾认为我们可以做到，不知为何却始终没有成功。我们渴望的友谊就那样晃晃悠悠地远离了我们。

山姆：那天下午我就要离开了，所以我们决定早上去帕斯奎尔咖啡店共进早餐。享用完墨西哥煎蛋和拿铁咖啡后，我们一起沿着瓦特街散

步。我很高兴这个周末的家庭谈话卓有成效。我们讨论了我的离婚和远离家庭所带来的伤害。

吉福德：然后，那件事情就发生了。

"那么，"你问我，"既然你现在没有工作，那你打算做什么？"你的言语很平常，但眼中却闪烁着厌恶，声调混杂着批判。

这看似没有恶意的语言却深深地伤害了我。好像我们近期交流的唯一结果就是把我最脆弱的伤口暴露在你的轻蔑之中。你似乎还说了这些话："多么没用的男人才会坐在屋边发呆和照看孩子？除非你能做出对世界有意义的事情，否则无论你有多少钱，你都无法像我一样成为真正的男人。"

"从我小时候开始你就对我说这种废话。"我说，"我辞去工作是因为我憎恨这个工作。我跟你不一样，我想花更多的时间跟我的孩子们在一起。"

所以很简单、很自然、未经任何思考和判断，我回到了旧时我们的交流模式之中。你总是对我不满意，你是个讨厌的父亲；你抛弃了我，我永远也不会原谅你。这是我内心的呐喊。

"我以为你不会再这样说。"你很生气地回答我，"我已经为我的错误付出了代价，最终你会理解的。所以我最后一次告诉你：停止你的这种想法。"

一个巴掌拍不响，吵架并不只是一方的过错。你真正想对我说的是："不要再抱怨了。我们之间唯一的问题就是三十年前你的软弱使你无法克服困难。我是个男人，而你只是个孩子。从你出生开始，我就能随意踢你的屁股，我会继续这样做，直到我离开这个世界。"

山姆：突然间，你毫无预警地被一阵盲目的愤怒控制。你向我走近，用手指戳我的胸膛，对我的脸怒吼道："你还在对我说我小时候你就说过的那些废话，你还是在以大欺小。"你的攻击使我十分困惑。你的怒气不知从何而来，我还以为我们的关系达到了互相理解和互相原谅的境界。

当我承受了对我的控诉及其背后的怒气后，我的绝望感汹涌而出。我也开始冲你吼叫。

"我跟你说了一百遍了，我很抱歉三十年前我抛弃了家庭所带给你的伤害，但我想我们已经说好了不再提这些事情。不要让我再重温这些愧疚。"

吉福德：我内心的愤怒越发白热化，我再也无法忍受了。

"混蛋！"我大喊道，"自我记事以来，你就一直随意摆布我、贬低我，用你的怒气恐吓我，用你那低级的加尔文主义①价值观逼迫我。而现在，你还在这么做！"

这时，我们面对面地站在街道旁，来往的游客开始注意到我们，但我一点儿也不在乎。我向前几步靠近你，手指用力地戳着你的胸膛。我

---

①加尔文主义出现于16世纪宗教改革时期，主张救赎预定论和神恩独作说：救赎预定论认为，神的旨意是绝对的，也是无条件的，一切有限的受造物联合起来也不能影响神的旨意；而神恩独作说认为，人类的运作完全是被动的，而神的运作决定了普世历史和个人救恩的一切。——译者注

的脸离你只有几英寸的距离，我的怒吼甚至发自我的肺部。

"你这个大放厥词的家伙给我听清楚：我一生都因你的反对而恐惧，永远试图达到你那不可能的标准，我现在受够了。我不在乎我们最后是能成为好朋友还是会一刀两断，但我再也不能忍受你这种居高临下的废话。再也不！"

山姆：在几次互相指责之后，你慢慢走开了。然后你突然转身，坚定地站在瓦特街的中央，以一种不可置疑的声音对我大声喊道："你永远无法再随意摆布我了！永远！"紧接着你快步走开了，留我一人不知所措地站在街旁。

吉福德：我感到一种全然的解脱。我不知道这意味着什么，但是无论怎样，一切都结束了。我们静静地注视着对方，漫长的时间过后，我转身离开了，只剩你一人开着租来的汽车，踏上前往机场的遥远路程。

山姆：我怀着困惑的心情回到我的汽车里，并在车内坐了一个多小时。怒气渐渐被深切的悲伤取代。我漫无目的地开了一个小时的车，然后停在了我们曾经约好的、在我去机场之前见面的咖啡厅门口。我等待着，继续等待着，我等了很久，最终失望地离开了那个地方。似乎我们永远也无法驱逐那萦绕于我们之间的幽灵，它使我们无法得到我们梦寐以求的亲密感。

预示着暴风雨来临的积雨云在森格雷-德克里斯托山顶慢慢汇集，灰暗笼罩了原本蔚蓝的天空。我一路向南，心里想着你是否真的再也不会跟我说话。我们想要化解一直以来存在于你我之间的敌意，在尝试又失败了这么多次之后，我们真的走到了死路的尽头，再也无法修复我们之间的裂痕了吗？

我们怎么会走到了这一步？

我真的失去了我的儿子吗？

第一部分
老生常谈

Prodigal

Father

Wayward

Son

成为父子: 爱的和解之旅

我们经常讲述的经历，

和被我们忽略的经历，

是塑造我们人生的关键。

第一章 故事分享和身份认知

我问我自己："你生活在什么信念中？"我发现我并不知道答案。所以我努力去探索来了解"我的"信念。我必须要知道，是怎样的潜意识和无意识的信念形成了独特的我。

——卡尔·古斯塔夫·荣格

山姆：帕斯奎尔的那次争吵之后，很明显我们的关系已走入死胡同。我们陷入了弗洛伊德所谓的"强迫性重复①"的旋涡中，类似的伤害重复出现，而每一次的重复都使我们更难重新认识对方。仅仅把事情说开、简单的修补或者心理治疗都无法恢复我们的关系。

我们必须尝试一些完全不同的办法。首先，我们要拆解、分析那些使我们经常发生冲突的传统观念；其次，我们要分享那些从未向彼此提及的事——那些在我们生活中自己独有的却从未共享过的故事。

这相当于一个对启蒙的全新理解和实践的过程。

---

① "强迫性重复"指的是每个在童年时期某方面心理发育有缺陷的人，都会不自觉地、强迫性地在心理层面退回到遭受挫折的心理发育阶段，在现实中重复童年时期的情结和关系。——译者注

在古时的部落文化中，男孩成为男人的启蒙仪式由部落的长老们执行。他们把男孩们带离父母身边，在一个僻静的地方教他们部落的传统仪式。这通常包含残酷的成人式——斋戒、灵境追寻、牺牲、丛林流浪、杀死敌人——这些都是成为男人的必经之路。

然而，当代的成人式文化只是古老仪式的苍白写照——加入军队、考取驾照、二十一岁时在酒吧喝醉。世俗的教化缺乏灵性的深度。当代文化下的公司、国家、军队和消费主义意识形态从根本上就无法令人满意。

要创建一个有意义的启蒙过程，我们必须质疑那些在无意中塑造了我们性格的传统观念，只有这样我们才能避免传统观念的毒害，发现造成我们冲突的真正原因。我们必须回到一切的开端——揭开传统观念的外衣，展露出被掩盖的真实。只有这样我们才能开始理解，我们的经历和争吵是如何影响我们的关系的。

这是一个庞大的计划，但仍不够。除了重新审视我们共有的历程，我们还必须告诉对方那些我们并未一起经历的事情。这个问题在现代社会并不多见。过去父子们生活在一起，所以儿子所经历的事情父亲几乎都知道。然而在你年少时，我们在一起的时光就很少；你长大成人后，我们又生活在不同的地方，你有大量我所不知道的经历。

我需要知道什么，来理解你是怎样变成现在的你的？

而我又需要告诉你什么，我们才能够理解生活是怎样把我们塑造成现在的我们、把我们变成现在这样的父子的？

第二章 亚伯拉罕、以撒和鸡蛋

在儿童自我存在的小世界里，没有什么比不公正更容易被他们感知和察觉。

——查尔斯·狄更斯

吉福德: 不知为什么，在我很小的时候，我就对你和上帝之间的关系感到困惑。

我最早的记忆是那座二层的红砖小楼，它坐落在肯塔基州路易斯维尔的一条街道的拐角处，环境幽静，绿树成荫。在那里，我从两岁成长到八岁。那时，母亲通常在家照看孩子，而你则在长老会神学院教书。由于你的职业，宗教占据了我们家庭生活的一大部分，我们总是一起读圣经故事、上主日课程，每周日去教堂做礼拜。

那时，我最熟悉的是《旧约全书》（*Old Testament*）。我现在也不敢相信，当时我竟然认为你就是上帝。在我幼稚的思想中，你与上帝之间的关系，远比我与你或者我与上帝之间的关系更为亲密。而你所表现出来的性格，有许多都与上帝十分相似。

你浑厚的声音使你显得高大有力；你无所不知，无所不能；你犹如一个严厉的审判官，总是对我漠不关心，忽略我的痛苦——就好像上帝常常对西伯来人所处的困境袖手旁观一样。正如上帝不知何时会降临一样，你也会毫无规律地出现，用笑声和慈爱点亮整个房屋。每当我伏在你的肩膀上看星期四晚上的电视剧《来福枪手》（*The Rifleman*）时，或者坐在你的膝盖上听你讲火精灵的故事，被你的爱所围绕时，我都会感到十分安全和温暖。但是有些时候，你的愤怒似乎会把房子震垮，让我觉得自己下一刻就会变成一根罪恶的盐柱①。

我从来不知道你何时会表现出仁慈，何时会表现出愤怒；我也从来不知道是什么原因使你产生这些情绪——后来我知道了，那只是你的天性。但出于一个孩子的心理，我认为你的愤怒是我造成的。

虽然我最终确定了你并不是上帝，但我却得出了这样的结论，比起我像你，你更像上帝。不幸的是，这并不能使我对上帝有着像你对上帝那样的尊敬和崇拜。相反，我在很小的时候就被基督教深深地困扰着。

在上学之前，每天早上母亲都会拿着一本大大的圣经图画书，给我读里边的故事。坐在她的膝盖上享受来自母亲的关心和爱护，这是我一天中最幸福的时光。在我五岁的时候，有一天早上母亲给我读了一个亚伯拉罕和以撒的故事②。当故事讲到一半时，我问了一些类似这样的问

---

① 出自《圣经·创世记》，所多玛城罪恶深重，耶和华毁灭这座城时，罗得的妻子不听天使的警告，顾念所多玛，在后边回头一看，就变成了一根盐柱。——译者注
② 神让亚伯拉罕把独生子以撒作为祭祀物献上，亚伯拉罕毫不迟疑地准备拿以撒献祭，就在他下手的那一刻，神的使者阻止了他，告诉他这是上帝的磨炼。——译者注

题："什么是燔祭①？""上帝所说的牺牲是什么意思？"她似乎没有想到我会问这种问题，只是继续讲着故事。在故事的最后一页上，一幅小以撒的插画令我感到十分恐惧：他被绑着，倒挂在一堆准备焚烧他的木头上。亚伯拉罕手里拿着一把两英寸长的刀，对准了小以撒的喉咙，一个散发圣光的天使停留在亚伯拉罕的手上，很显然，这个天使在最后一刻才阻止了亚伯拉罕。

这张插画看起来就像是亚伯拉罕在与天使进行战斗。

我记得那一整天，我在学校都一直处于头脑眩晕的状态。我吓坏了。我一直在想：你会不会也像亚伯拉罕对以撒一样来对待我？如果这是上帝的指引，你会不会也用刀割开我的喉咙，用火残酷地焚烧我？我一直都知道，相较于我，你与上帝有着更为亲密的关系，这个想法总是令我无法安心。如果天使没有及时到来拯救以撒呢？或者如果上帝忘记了把天使派来呢？后来我才知道，这些想法都是杞人忧天，因为神不会犯如此明显的错误。

我试图忘记这个故事，但"你也许会把我的生命牺牲给上帝"的怪念头始终在我脑海中挥之不去，于是我坚定地认为，绝对不能长时间与你在一起。

事实证明，我的怀疑是对的。不到六年，在追求个人自由的祭坛上，你确实牺牲了我，也牺牲了整个家庭。我早已预见到了这些事情的发生。

---

① 燔祭是《旧约圣经·利未记》中提到的第一种祭祀物，需要将所献上的整只祭牲完全烧在祭坛上，全部经火烧成灰，象征献祭者完全降服在神面前，也象征神完全的接纳。——译者注

　　我清楚地记得有一件事，使我最终把你和上帝区别开了。从某种程度上来说，这个惨痛的经历是我们互相厌恶的开端，并且在此后的几十年中一直影响着我们。

　　这就是"鸡蛋的故事"。

　　1966年的夏天，我才六岁。你买了一辆二手的大众厢式汽车，移走了后座椅，放上了木板和双人床垫，然后全家人一起出发，进行了一次横跨全国的自驾游。当时的法律还没有规定后座乘客必须系安全带，所以当你开车的时候，我和姐姐在车厢后面的床上嬉戏，玩着我们自己发明的游戏，我还不时地回到引擎上部的驾驶室中读书或睡觉。

　　一天下午，我们旅行到了美国中部的某个地方停下吃午餐。那里地势平坦、天气炎热，大片的落叶阔叶林覆盖着这片土地。想象一下这样的场景吧，距离繁忙的高速公路不到半英里的空地上，停着一辆大众汽车，在阳光下闪闪发亮。在车辆附近的树荫下，铺着一块格子毛毯，野餐的残渣散落在毯子周围。我们吃完了午餐就在树荫下休息，设法拖延回到车里的时间。母亲到附近的树林中寻找天然的卫生间。

　　然后，我听到了你的喊声："儿子，马上到这边来！"

　　你的声音低沉而危险，有着不祥的预兆。我恐惧地走到你站的地方。

　　你指着地面问我："这是什么？"

　　顺着你指的方向，我看见了一个鸡蛋。一个剥了壳、只吃了一小点的熟鸡蛋被漫不经心地丢弃在汽车后轮的后面，很明显就能看到。

　　"你为什么把鸡蛋扔了？你应该知道，我们不能浪费粮食！"

"那不是我的，我已经吃了我的那个鸡蛋。"

"不要撒谎！"

我嘴唇颤抖着，声音低低地争辩道："我没有撒谎，母亲看见我吃了。"

你突然就生气了。我还没反应过来，你就冲着我大声吼叫，拳头握得嘎吱作响，脸涨得通红，颈部的青筋暴涨得像一根根钢丝——就好像你正在传达上帝的愤怒。

然后，你强迫我吃下这个鸡蛋。我把鸡蛋从地上捡了起来，鸡蛋黏糊糊的表面沾满了脏泥土和小树枝，咬过的浅黄色蛋黄上爬满了蚂蚁。你甚至不让我把鸡蛋洗干净就让我吃掉。你说这是一个教训，印度的孩子们正在被饿死，你不可以浪费，如果你不学会说实话并承认自己的错误，你就永远不会成为一个男人。

我吃下了这个可恨的鸡蛋以及那些脏泥土、小树枝、小蚂蚁和鸡蛋上的一切。我一边吃着鸡蛋一边哭泣，我使劲地抽噎着，害怕自己会吐出来。我请求你不要发火，至少等到母亲回来后问清事实。

几分钟后，母亲回来了。她发现我在哭泣，你在发怒，而我可怜的姐姐利尔蜷缩在汽车的一角发抖。

"吉福德吃了他的那个鸡蛋。"她告诉你，"地上的这个鸡蛋一定是利尔的。"

她的声音里含有责备的意味。

你的狂怒被挫败了，你转向了母亲："该死的，你到底去哪儿了？"

母亲吼道："我在寻找一个路过的汽车看不到我的地方！"在孩子们面前，母亲几乎从来不与你顶嘴。我记得很清楚，因为那是我第一次听到

她顶撞你。

在一阵紧张的沉默后，你转身离开了。

本来我认为，你会承认错误来对你的行为进行补救，或者至少你会教训姐姐，她才是这件事的始作俑者。但是，你只是朝她的方向含混地嘟囔了几句以示责怪，然后回到车上继续我们的旅程。

你甚至都没有向我道歉。

多年以来，这个不公正的"鸡蛋事件"常常浮现在我的心中。不仅仅是因为我遭受了错误的指责以及完全不合理的处罚，更重要的是当你发现真正的罪魁祸首时，你甚至都没有对她进行最轻微的责罚（我们所有人都经过了很长时间才意识到，利尔是这件事中受伤最大的一个人——不过那是另外一个故事了）。

当我有了自己的孩子，我才开始质疑这么明显的问题：你为什么这样残忍地对待一个六岁的孩子，吼他，羞辱他，让他吃泥土和蚂蚁，难道仅仅是因为一个五分钱的鸡蛋？

为什么在我小的时候，你总是对我生气？

第三章 母亲、耶稣和我

没有什么比我们所打破的枷锁更能把我们紧紧联系在一起。

——霍华德·瑟曼

山姆：在你小时候，你认为我是一个易生气、爱挑剔的人，确实如此。但是大多数情况下，我的愤怒并不是源于你，甚至完全不是冲着你。这份怒气来自我的内心。多年以来，我心里一直在进行着一场狂暴而野蛮的战争，其根源是我母亲信奉的正统基督教和我父亲尊崇的性禁忌之间产生的矛盾，你只不过是这场战争的牺牲品而已。

我小时候的生活中，基督教几乎无处不在，我的身体、精神和心灵从未离开过《圣经》和基督教长老会。祷告和赞美伴随着我的每一天：餐前，我们祷告，诵读经文；睡前，我们祷告，祈求耶稣降临到我们的心中，祈求上帝饶恕我们的罪恶。我经常会害怕我的忏悔不够真诚，我的罪恶无法得到宽恕，上帝会惩罚我下地狱。

每个星期日都从主日学校开始，然后是上午十一点的主日崇拜活

动。熬过了上午，我们用烤牛肉、土豆泥和酱汁来制作圣餐。随后是无聊的下午，我们要守"神圣的安息日"。平常都不被允许的跳舞、玩扑克、看电影等活动当然是不能进行的，也不能说出像"我的老天啊"这样可能被认为是对主亵渎的话。此外，喧闹的"红色海盗"游戏和夺旗游戏也被列入禁止活动单。作为这一天的结束，我们会在安息日的晚上先被安排去专门培养少年的基督教勉励组学习，然后是晚礼拜。自己算算吧，每个星期日我都要做四次礼拜活动。

　　我人生最精彩的时刻（也可能是最糟糕的时刻）发生在那个我"自愿"成为正统基督徒的星期日下午，那时的我是一个早熟的十一岁男孩。在一间幽暗的橡木房间里，十二个身着黑袍的基督教长老会的长者们聚集在一起，决定我是否足够成熟，可以作为成人参与教会活动。在当时，一个少年成为长老会的正式成员是一件极端不寻常的事。然而我的母亲和祖母是教会的积极参与者，她们把我推荐给了教会。我圆满地回答了长者们的问题，他们很高兴我对基督教教义有着十分成熟的认知。于是我成为一名正式的成员。我的母亲和祖母都十分骄傲，她们一直在充满信心地等待结果，很确信我能荣耀地通过测试。每个人都很幸福，因为那是一件了不起的事。

　　但完美的只是表象。如果苹果中长了虫子，尽管外表光鲜，但腐烂只是时间的问题；同样，我身上光环的褪色也只是时间的问题，我变得极度焦虑。我对我的信仰产生了更多的怀疑。上帝只拯救那些信仰耶稣的人，这种说法似乎是不道德的，就好比虽然我们有自由的意志做出选择，但选择的结果早已注定，不是被救赎就是下地狱。无论我多么努力想去相信上帝，我都做不到。所以，我不得不强迫自己接受这个结果：我没有来世，我注定会死亡。

必须去相信一件我无法理解的事情使我内心十分矛盾，并成了我的心结。每天，我爬进建在树上的小屋——我私人的避难所，阅读一章《新约》（*New Testament*），然后向上帝祷告，祈求我能获得真正的信仰，与上帝的关系能够蒙受恩泽，远离地狱和死亡。然而我越是急切地想要寻求信仰，我的疑惑就越是强烈，这种双重的束缚带给我的是持久的挫败感。

作为基督徒，我不仅必须相信教义"永远交付给圣徒"，而且要在行动上表现出宽容与平和，善待我的敌人。我要学习谦卑，努力做一个好孩子，压抑我的愤怒，避免到那些可能引起我反抗的场合中去。无意中，我为自己定下了条件：我要模仿耶稣，成为一个好的信徒，换来母亲和祖母的认可。这个不得已的选择使我变得对自己更加苛刻，也造成了后来我对你的苛刻。我抨击自己不能像耶稣一样温柔，同时我又害怕自己成为一个胆小鬼。

你问我是否活在谎言之中，我会回答"是"也"不是"。虽然我完全相信上帝是创世者，因为他创造了我如此热爱的鸟儿、溪流、云彩和整个大自然，但当你降临在我生命中的时候，我完全沉浸在了反抗那些我一直相信的教义之中。

使事情复杂化的是你的母亲——希瑟。她从前是一个不信教的人，

因为羡慕我母亲虔诚的宗教信仰而加入了基督教。就在我想逃离基督教时，它却侵入了我的婚姻生活。你母亲坚持我们每周要到教堂做礼拜，让你上主日学校学习圣经故事。我害怕你会被教导成为曾经的我。

在我回顾童年那些奇怪的场景时，我开始理解了我是因为母亲的需要，才努力去相信那些我不相信的东西。我表面上是个坚定的信徒，但我的内心却时刻都充满焦虑。我越是反抗那些束缚我的链条，我的内心就越痛苦，因为我知道，我正在拒绝母亲给我的最好的礼物——真正的信仰。对于她来说，信仰基督教并非生死攸关的问题，而是更为重要的问题——获得救赎还是万劫不复。

矛盾的是，她对基督教的热情、满满的爱以及坚定的承诺，不仅不能使我在理性和情感上达到她的要求，反而成了我神经过敏、自我形象理想化、背叛自我以及发泄在你身上的怒气的来源。

多么奇怪啊，我们总是被那些最爱我们的人伤害。

她试图让我变成她心目中的那种基督徒。

而我试图让你变成我心目中的那种人。

第四章 男人不哭

我认为在一个人的孩童时期，没有什么需要比需要父亲的保护来得更强烈。

——西格蒙德·弗洛伊德

吉福德： 在我很小的时候，我就睡在楼下厨房的隔间里，后来那里变成了家里人吃早餐的地方。当我长大了一些，大概四到五岁时，我有了自己的房间。对我来说，这似乎是迈入大人世界的一大步，我很骄傲自己地位的上升，但同时我也有一丝害怕。

对于一个小男孩来说，那个老房子显得格外巨大。我楼上的新房间距离楼下的厨房、客厅，尤其是你和母亲的卧室都非常遥远。这个距离对于现在的我来说只不过是几步路，但在那时似乎是一个大陆的宽度。从一楼到二楼有两段陡峭的楼梯，中间有一个转向的平台，走在楼梯上就好像走在探险的山路上一样。一个贯穿了整个二楼的狭长房间是我们的私人领地，大人们很少过来，我和姐姐可以按照我们的意愿布置。

爬上陡峭的楼梯，穿过一片开阔的空间，屋檐的下方就是我的新房间。房间里有两个大窗户，非常舒适和明亮。透过窗户可以看到楼下走廊的屋顶。我的小床放在角落里，床的对面赫然矗立着一个高大的壁橱。壁橱门的尺寸有点儿不合适，总是会无缘无故地打开。

在壁橱的背墙上有一个大约一平方米的洞。

我不知道建房子的人是没有完工还是故意留下了一个通道。无论哪种情况，当我站在这个灰暗的壁橱里，把衣服推到旁边，向洞里窥视时，我能看到的只是沿着倾斜的屋檐延伸、上下两边都看不到尽头的黑暗而神秘的空间。这个空间其实并没有真正的楼板，只有木质的托梁和托梁之间的绝缘板。这里布满灰尘，幽暗且怪异。谁知道它通向何处、里面住了什么怪物？

你不止一次地告诉我，千万不要冒险爬进去，因为这非常危险，我会"掉下去"。由于不懂建筑的结构，我没有发现楼板的下方就是客厅，因此我完全不知道自己会掉到哪里。所以我常常想，如果我犯傻爬进了这个幽暗的禁地，我就一定会掉下去，掉到一个未知的、充满了地狱之火和诅咒的险恶深处，再也见不到天日。

尽管我是一个胆大的淘气男孩，但我还是不敢爬进那个洞。随着时间的流逝，我甚至厌恶进入那个壁橱。

大概是我搬上楼一年之后的一个晚上，我做了一个可怕的梦。我和街对面的一个小朋友正在屋里玩乐高玩具，远离了大人们的看管，沉浸在自己的小世界中。突然壁橱的门打开了，出来一个人，那是一只食人魔。尽管他看起来相当正常（事实上有点儿像外祖父），但我们立刻就知道他其实不是人类，而是邪恶的生物。他问我们在做什么，我回答的时候（我回答的大概是孩子和大人的时间流逝速度不一样之类的话），他却一把抓住我朋友的上衣，把他举到空中，然后用布满了疤痕的巨大拳头打他。

我被吓醒了，我确信那只食人魔仍然在黑暗中默默地站在我的床脚边。我知道他就在那里，他在等待，在观察，只要我有一点儿动静或发出一丁点儿声音，他就会猛地抓住我，然后，我不知道他会做些什么。

我在床上躺了很长时间，不敢呼吸，不敢挪动，无法忍受这样的煎熬。我不知道还能怎么做，我终于掀开被子，从床上跳下来就往外跑。我能感受到食人魔呼吸时吐在我脖子上的热气，似乎随时我都会从背后被抓回去。我冲出房间，穿过游戏室，奔下楼梯，跑进通向你们房间的那条长长的、黑黑的走廊。

当我到达你们房间的门口时，门是关着的。通常在没有得到允许的情况下，我绝对不能进入你们的卧室。于是我敲门了，但没有得到回应。我用我的小拳头不停地敲着木门，声音越来越大，终于你有了回应。

"怎么回事？"你的声音从关着门的那头传过来，显得一点儿也不愉快。

"我的房间里有一只食人魔。"

"不，没有食人魔。"漫长的沉默之后，你说，"那只是一个噩梦。"

"不，他真的在那里。"

"回到床上去，我们明天早上再说。"

"他会吃了我的。"

你重复道："那只是一个梦，那里什么都没有。"

"你来看一下。"

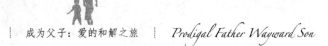

"不要吵！"你的声音开始变得很危险，快到生气的边缘了，"让我和你母亲睡觉。"

"求你了，我能进来吗？就一会儿。"

"我说不行就是不行，现在，作为一个男人，回到你的床上去。"

"作为一个男人"，这个套话我是再熟悉不过了。从过去残酷的经历中我知道，我再说什么也没用了。任何请求或解释都只能使你更加暴怒。你不打算让我进去，也不打算陪我回到我的床上，我只能自己待着。

于是，我坐在你房间外面那冰冷的木地板上，背靠着墙哭泣。

我默默地哭泣着。

我害怕你听见我哭泣的声音。

因为我知道男人是不可以哭的。

我不知所措地哭了很长时间，似乎好几个小时过去了，最终我意识到，除了回到床上，我什么也做不了，我也没有任何其他地方可以去。我感到浑身冰冷，也感觉到了地板的坚硬。

返回我的卧室是我一生中最艰难的事，因为我知道那只食人魔还在我的房间里。我默默地沿着黑暗的走廊往回走，爬上楼梯，穿过游戏室，最后停在我的房门外，不敢进去。我知道，食人魔就蹲在我的床脚下或潜伏在壁橱的洞里面。最后，我鼓起勇气，冲进房间，跳上床，拉过被子蒙住自己的头。

三年过去了，我才开始敢背对壁橱睡觉。

第五章 黑暗和焦虑的时代

一位发怒的父亲，其实对他自己是最残忍的。

——普布里乌斯·西鲁斯

山姆：1964年11月4日，我的父亲在他六十四岁时永远地离开了我。那年你四岁，我三十三岁。严重的打击以及无边的恐惧永远地改变了我。弗洛伊德说，父亲的去世是男人一生中最难以释怀的事情。对于我来说，确实如此。从父亲的葬礼回来后，我变得更加伤感、软弱和需要安慰。我知道你感觉到了我的悲伤，那时你常常爬到我的膝盖上安慰我。

之后的三年里，我一直试图隐藏我的悲痛。希瑟说，那些年她从来没有看见过我的眼泪，然而她知道，我会在深夜散步回家后，一个人默默地哭泣。在我清醒的大部分时间里，我都感到十分焦虑，无法控制自己，好似一股黑暗的浪潮把我推向死亡，每一件事都令我崩溃。我显露在外的情绪和我私底下的情绪是完全不一样的。我在神学院教书，但基督教却离我越来越远。上帝的所有承诺都无法使我面对父亲去世这个黑暗的现实。

　　同时，我的婚姻也处于困境之中。我曾经向希瑟保证，一旦找到全职工作，我就会花更多的时间在家庭里，但是我没有做到。希瑟对此很不开心，这也极大地影响了我们的夫妻关系。于是我决定送她去见婚姻咨询师。第一次咨询回来后，她从主治医生那里带来了令人烦恼的信息。医生怀疑我有外遇，并希望我与他进行一次会面。我同意了，为什么不呢？我很愿意帮助他来解决希瑟的问题。

　　在我的第一个疗程中，我告诉这位阴沉的医生，希瑟需要怎样做才能更加快乐。然而他的反驳让我特别郁闷。他说我和希瑟的婚姻问题至少有一大半的原因都在于我，我也需要解决自身的问题，比如我对希瑟的怒气，母亲对我的影响，还有我对女性的不信任感。

　　我彻底地被激怒了。这位心理医生怎么敢指控我有这么邪恶的想法，我在神学院教授很多课程，其中一门课就是关于世界上不同种类的爱，但是这个王八蛋竟然认为我的内心充满怒气。越想我就越怒不可遏。

　　一天下午，当我穿过街边花园，走在回家的路上时，人生启示就这样降临了。

　　突然之间，我的抵抗情绪消散得无影无踪，我一下子就接受了那个可恶医生的说法。是的！该死的！就是这样！我对希瑟、对我的母亲大发雷霆，我认为所有的女性，尤其是母亲，都是贪得无厌的，我永远无法使她们满意。

　　不仅如此，毫无理智的愤怒时刻折磨着我。我总是诅咒我眼前的一些人和事：那些开车太快或太慢的傻瓜、无聊的同事们、永无止境的教职员会议、反应迟钝的学生、愚蠢的拒绝思考的原旨教主义者、该死的越南战争等。

当我离开这个公园的时候，我曾经认为的那个幸福的、充满力量的我消失了。虽然我的身体回到了家，但我的心灵却迷失在荒芜的原野中，我痛苦地知道，我必须要开启一段找回自我的旅程。

在我陷入这个幽冥王国后不久，医生建议我和希瑟进行一次为期六周的分居生活，在这期间，我们应该努力去寻找我们产生冲突的根源。尽管对希瑟独自管理这个家庭十分担忧，我还是同意了。（结果是没有我这个独裁者在的时候，家庭气氛更加轻松。在餐桌上，希瑟教你和利尔怎样把勺子当作弹弓将豌豆射出去。她完美地应对了扮演单身母亲的这个挑战。）

仲夏时节，我旅行到普林斯顿，租下了校园边上的一所公寓。第一天晚上，当夜幕降临时，我发觉我犯了一个可怕的错误。我从来没有只身在外度过一两个晚上，也不知道要如何战胜寂寞甚至忍受寂寞。在我关上公寓大门的那一瞬间，我就开始感到无尽的孤独和焦虑。我做饭、泡茶、强制自己阅读《儿子与情人》（*Sons and Lovers*）。幸运的是，当我读到一百页左右时，睡眠降临了。

清晨，然后是上午。时间的流逝就像是我面前的一块空白画布，虚无而空洞。午后，我已完全无法忍受这种焦虑，感觉自己就像一个不知名疾病的受害者。于是我去了图书馆，想看看有没有什么书能解释我的情况。怀着碰运气的态度，我从书架上取下一本又一本书，每本书都浏览一下，期待着一个有意义的词句能出现在页面上。连续几个小时，我

都浑浑噩噩地沉浸于弗洛伊德、荣格和阿德勒的著作中，但没有找到任何精神食粮。

就在我快要放弃的时候，卡伦·霍妮的《神经症与人性的成长》（*Neurosis and Human Growth*）进入了我的视线，让我一个激灵清醒过来。我坐下来开始认真地阅读，然后我惊讶地发现，这本书的每一页描述的都是我的状况，于是我买回了这本书的拷贝版本。那天晚上，我一边阅读一边用红笔在书上做标记，很快我就大致勾勒出了我的精神世界。

第一次，我知道了我的症状还有个名字：神经衰弱。

霍妮认为，神经衰弱症是一种人格障碍。患者忍受着来自现实自我和理想自我之间的分裂，心态在骄傲和自卑之间不断摇摆。上一刻他还沉浸在荣耀和无所不能的自我想象中，下一刻就可能堕入软弱和自我憎恨的深渊。当他没有对别人的愚蠢和懦弱进行评判时，他就会把批判的目光转向自己。患有这种病症的人无法成为理想中的自己。因此，他们忍受着持续不断的焦虑，忍受着那种明知自己内心的缺陷无法修补，但又不得不去修补的痛苦。

这些发现令我既惊恐又兴奋。我第一次知道了自己情绪起伏的原因。我逐渐发现，当我被优越感所控制时，我就变得喜欢对周围的每一个人评头论足，尤其是对你。

那时的你显然并不完美，而我作为父亲有责任来教导你。但很奇怪，我并没有注意到我对你的教导其实是恐吓和残忍的行为。我也没有注意到，当我评判你的时候，我也伤害了自己，陷入自卑的旋涡。作为我的儿子，你首当其冲地成了我神经衰弱症的受害者。我认为我们父子是一样的，所以我对待你就像对待我自己。我时而慈爱，时而冷漠。有时我们一起在床上玩耍，互相打闹，而有时，我却宁愿在下班回家后埋头在一堆报纸中也不想理你。

说来奇怪，一直以来我都更关心你的姐姐。利尔是一个简单的女孩——热情、愉快，更重要的是，她渴望讨人喜欢。她和我几乎没有产生过冲突，我对她更加慈爱，更加温柔。一个女孩如何变成一个女人，在这方面我没有任何特殊的心得体会。因此，在抚育她的过程中，我更多地采取了放任的态度。然而，我自己从一个男孩成长为一个男人的经历，使我（错误地）认为，我自己是这方面的专家，我知道如何把你——我的儿子——培养成一个男人，一个真正的男子汉。

在肯塔基州那艰难的六年里，我是如此自恋，又是如此心烦意乱。我没有意识到，我的神经衰弱症已经影响到你。

第六章 圆木和柱坑

养不教，父之过。

——孔子

吉福德：工作一直是我们之间产生冲突的导火索。现在我才意识到，在很早的时候，我们之间就建立起一种错误的相处模式。随后的很多年里，这种相处模式一直伴随着我们——一直延续到帕斯奎尔的那一天。

你会给我安排一些男孩根本不可能完成的任务，并且忽略我的成果。每当我认为我做了一点引以为傲的事情时，你总表现得漠不关心。你称赞我，是因为那些我觉得并不重要的事情；你惩罚我，却是因为那些我认为并没有做错的事情。

这种因果并不相称的情况在我早期的两段记忆中最为明显。那是关于我在我们的肯塔基州房屋的后院里劳作的记忆。

第一件事发生在我五岁时的那个炎热夏季。有一天，你在车库旁一个快要坏掉的X形架子上放了一块木头，要我挑战自己来劈开这块木头。我记得你站在我的前面，双腿紧绷，双手挥动着斧头，斧头在空中划出一条长长的、闪光的弧线后劈进了木头中，发出巨大的声响，木屑在空中飞舞。你告诉我："就要像这样做。"然后扬长而去。

我不记得你许诺我什么奖品了，也许是钱，也许是一些其他的特权，但对我来说，真正的奖品是很明显的，这是一个测试，是一个成人式。我相信我一定能成功，一定能打开这座通向神秘的男人世界的大门，最终我会获得我盼望已久的东西——你对我的认可。

但是我做不到。在我的记忆中，那块木头有三英尺厚。那个架子与我齐腰高，因此我不能很好地挥动斧头。这个斧头的长度比我的个子还高，刀刃像涂了黄油的餐刀一样钝。我在那里不停地砍着，直到汗水浸透我的衣裳，手臂因疲劳而不停颤抖，手掌上也磨出了泡。最后，我努力了一下午的成果仅仅是一条狭窄的V形凹槽，宽度不超过六英寸，深度只有一两英寸，还不到整块木头的八分之一。

你对此无动于衷，我却感到了羞辱。我知道我再也不会成为一个真正的男人了，除非有一天我能够劈开那块该死的木头——但是我认为我永远也做不到。

第二件事发生在同一个夏天里之后的一天。那天，你决定在后院里围一圈木栅栏。我入迷地看着你和你的朋友们在那里竖立一个个木桩、搅拌混凝土、悬挂水准线。水准线是一条条细细的尼龙绳，上面灌满了神秘的黄色液体，两端绑在标杆上，中间拉得很直。围墙装到一多半时，我问你我可不可以来帮忙挖一个木桩的坑。你完全不同意，甚至不让我试一下。我想一定是你认为挖坑的工具太沉，而我又太小举不起来。

夕阳西下，夜幕降临，白天的热气逐渐消散，漫长的夏日黄昏开始

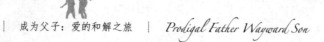
了。晚餐还没有做好，你进屋清洗一番之后，坐下来看报纸。挖坑的工具被丢弃在下一个木桩的位置上。所以当你进屋后，我就拿起了工具开始挖坑。

那仍然是一个关于成功的甜美回忆。黄昏的空气凉爽舒适，晚风温柔地拂过我的肌肤。我一次又一次地举起工具，使劲地砸向地面。我紧紧地抓住手柄，把黑黑的泥土挖出来，堆成了一个土堆。母亲来喊我吃饭时，天已经全黑了，坑也挖了差不多三英尺深。

由于这个坑太深了，第二天在埋下木桩之前，你必须把这个坑填上三分之一。

我幼时对你的记忆和我今天对你的认识是完全不同的。在我许多的记忆里，你都对我说："如果你不学会工作，你永远不会成为一个男人。"你也经常对我说："不要装病，不要偷懒，赶快去做事。"你似乎痴迷于把我变成一个男人，但我看起来却总是有这样或那样的不足，并且不是一点点的不足。

在某一刻，可能是在我六岁前，我接受了这个事实。出于一个孩子的某些敏感，我知道我缺乏成为一个男子汉的基本素质，我小小的胸膛里没有你赞赏的那些品德，并且无论我多么努力，我也只会让你失望。

于是我对你不再期待，甚至不再想努力成为一个好儿子。

第七章 性和禁忌

弗洛伊德的"超我"理论的矛盾之处在于，它既要求"你应该像一个父亲"，又要求"你不应该像一个父亲"。

——诺曼·奥·布朗

山姆：1939年，在我七岁的时候，我们全家搬到了阿拉巴马州的波阿斯镇，这是一个只有五百人口的贫困镇。父亲在那里找到了他的第一份全职工作——在斯尼德社区学校教合唱。我们住在一栋布局十分凌乱的老房子里，靠火炉取暖，烧木柴做饭。离我们最近的邻居是一对很早前就交恶的姐妹。她们互不理睬，甚至把房子分割成两半，一半用木板封住，另一半移到了十米远的地方。我们建造了一个大花园，种了一棵长势喜人的核桃树。我们还养了两条狗，一只猫，二十只红毛罗德鸡。父亲每天下午都对着这些鸡唱歌，他声称，这有助于鸡多下蛋。

仅仅用缺乏文化来描述波阿斯镇是不够的。那时，波阿斯镇所属的沙山县是美国排名第二贫穷的地方（现在却是令人向往的购物圣地）。尽管美国的大部分地区都已经快要从大萧条中复苏了，但波阿斯镇的农民仍然依靠种植棉花勉强糊口。每周六，他们用手推车推着棉花去县城集市换取生活费。在这种环境下，父亲的音乐活动俨然成为当地的一大盛事。很快父亲便招收了四十个学生（其中大多数人都没有离开过阿拉巴马州），教授他们声乐课程，建立了一个训练有素的唱诗班。当唱诗班进行第一次演出时，所有成员都身着黑白套装，学校礼堂座无虚席。父亲穿着燕尾服指挥他那优秀唱诗班的画面一直深深地印在我的心中。我相信那短短的一刻是对他付出的回报，他也实现了自己的梦想。

然而，这次成功的演出结束后所发生的事，改变了我们所有人的生活。即使到了今天，那些或许真实发生了、或许只是我虚构出的画面依然存于我的记忆之中。

危机的降临就好像寻常夏日午后的一场龙卷风那样突然。我和我的哥哥劳伦斯本来在树林间的小溪旁玩耍，当我们回家的时候，母亲告诉我们，第二天早上我们要搬回田纳西州的玛丽维尔小镇，因为我们的奶奶住在那里。母亲让我们带上自己喜爱的玩具，我带上了我的小鸟童话书、望远镜和弹弓，然后静静地等待接下来要做什么。

就在黄昏前，一位警长出现了。他坐在门廊前的石椅上监视四周，腿上还放着一支猎枪。我们非常疑惑，我们认识这位警长是因为有一次他枪杀了我家附近的一条疯狗，但现在好像周围没有什么危险。父亲和母亲请他喝了一杯咖啡，他们交谈了很长时间。我和哥哥注意到，有人在街上巡视，巡逻的警车也比平常多。当我们问他发生了什么时，却被告知一切将在第二天进行解释。警长要求我们待在家里紧锁大门，紧张和危险的气氛越发浓厚。第二天一早，我们把车里塞得满满的，准备出发，然后把家门钥匙交给了一位朋友，他会帮助我们找搬家公司搬运家具。

警长一路护送我们出城，我们即将开始一段崭新的生活。

当我们离开了阿拉巴马州，远离了波阿斯的一切时，母亲才向我们解释究竟发生了什么。在唱诗班里，父亲和母亲与一位年轻的女性——玛丽·格蕾丝成了好朋友。格蕾丝来自一个非常贫穷的家庭，她负担不起唱诗班服装的费用。于是父亲和母亲带她去了附近的商场，为她买下了唱诗班的服装。格蕾丝心怀感激，写了一封情真意切的感谢信给我的父母。然而，格蕾丝的父亲无意间看到感谢信，误以为她和我的父亲有染。母亲向我们解释道，虽然事实的确是格蕾丝对我的父亲一见钟情，但两人之间并无暧昧。格蕾丝的父亲十分生气，开始召集他的朋友们，想要闯入混蛋教授的家里。虽然不清楚他想要做什么，但警长知道，即便是随意的谈话也可能会引发暴力行为。于是他和我的父母商量之后决定，也许离开这里是最好的解决方案。

这个故事本来到这里就应该结束了，然而在我们离开波阿斯镇的几个月之后，玛丽·格蕾丝又出现了，并且偶尔会帮忙照看我们。过了几年之后，父亲用愤怒而沉重的声音告诉我，玛丽·格蕾丝爱上了一个海军军官，不慎怀孕并由于非法流产手术而死亡。

这些仅仅是告诉了我们的"事实"，而整个事件的真相却被寂静所笼罩，没有人谈论。

玛丽·格蕾丝死后，父亲时常对婚外性行为表现出强烈的反对。提起这件事，他总是会带着一股正义的怒气宣称："我憎恨那些婚前乱性的人！"尽管我那时还很小，不能完全理解父亲警告我的事情有着怎样的诱

惑，但年幼的我在心中一直牢牢地记住——不能打破这个禁忌。

但是，为什么他变得如此坚决地禁止婚外性行为？这是不是他对于性生活不检点怀有罪恶感的表现？抑或只是纯粹地表达他对一位深爱的女性去世的深切悲痛？

这个答案我们无从知晓。但在这件事之后，父亲彻底失去了他对音乐的热情。他可是一位音乐家啊！他是一位优秀的小提琴家和合唱团指挥家。他本可以成为音乐伟人，但经历了波阿斯风波之后，他转行去销售护士制服了。表面上看，他做出这样的牺牲是因为唱诗班的薪水并不能支撑全家的生活。但是，当他有机会脱下商业服装，找回他最初热爱的事业时，他放弃了。他失去了重新开始的勇气，只能生活在失败和悲伤之中。他履行了所有他向孩子们许下的诺言，但却没有坚持对自己许下的承诺。

20世纪60年代初，他的健康状况开始恶化。于是他和我的母亲搬去了亚利桑那州普雷斯科特市的一个纯朴的小镇。他们住在一所沐浴着阳光的公寓里，生活平静而安详。母亲说，这是他们婚姻生活中最幸福快乐的时光。父亲六十四岁时去世了，他走得太早了。

我深爱我的父亲，但我总有一种感觉，他的死亡不是由于哮喘和肺气肿，而是他内心深处那无法调解的矛盾。在满足家庭需求和追寻事业发展的夹缝中，他放弃了能使他快乐的事业。他去世后，我意识到了他没有兑现自己的诺言，他的失信行为时常萦绕在我的心头，给我留下了深深的悲伤。这种悲伤促使我下定决心，绝对不会放弃我的热情，我绝对不能重蹈他的覆辙。

我还发誓，我绝对不能生活在他的阴影里。

第八章 幽灵故事

思想如同幽灵，在它得到验证之前，必须要先让一小部分人知道。

——查尔斯·狄更斯

吉福德：重拾我们早期冲突的记忆，看到它们就这样白纸黑字地被呈现出来，不容含糊，也无法辩驳，只能直面当时的辛酸和痛楚，无处可逃，这是多么令人惊讶的事。从某种意义上说，这些熟悉的过去就好像镜子里的自己。它们一直都是我的一部分，但我却几乎忘记了它们的存在。这些记忆好似幽灵一般盘踞在我的肩膀，在我耳边窃窃私语，这种纠缠不清的记忆深刻地影响了我们之间的关系。

这些年来，伴随着我的成长，这些记忆莫名地越发模糊。就好像一系列贴有标签的密封盒子，每一个盒子内都是一个完整的故事，却仅靠一个简单的、速记符号似的标签，来代表封存在盒子内如同暴风一般的复杂情感。这些记忆的盒子从未被开启，从未被提及，也从未被检验。我无法从其他角度来解释这些事情，因为面对它们，我依然是当初那个把这些记忆塞入盒子、关上盖子、牢牢锁住的小孩。

　　现在，当我重新拿出这些盒子，拂去表面的灰尘，把里面的记忆写成文字时，我突然觉得这些经历十分陌生。也许是由于我经常无意识地回想，这些经历被不断完善、润色，最后变得如同虚构或是发生在别人身上的事情一样。我怎么也不觉得，你和我是这幽灵戏剧中的一员。

　　十年前的那个明媚的秋天，当我们在帕斯奎尔镇争吵不休的时候，那感觉就好像我们多年来的努力、数小时的交谈，最后都化为泡影。什么都没有改变。因为本质上什么都没有改变。虽然作为两个成年人，我们一起修建了你的房屋，在我们各自离婚的期间互相支持，甚至在某些方面成为非常亲密的朋友，但我没有真正地了解过你，你也不曾真正地了解过我。这些经历正是让我们彼此疏远的罪魁祸首。

　　我们就像记忆的人质，被束缚在一个也许从来没有发生过的神秘过去里。

　　为什么会这样？

　　我怎样才能真正地认识你？

　　一个儿子怎样才能真正认识他的父亲？

　　在我长大离开这个家庭之后，我了解你的唯一方式就是回溯我的记忆。只有经常被诉说，回忆才会保持鲜艳的颜色。然而不知为什么，我的回忆似乎经过了黑暗的化学处理，成为一个扭曲的镜头。而我却在使用这个镜头了解你。无论我们之间有多大的分歧，你都是我深爱的父亲。无论我的回忆多么痛苦，对我来说它们都弥足珍贵。当我现在重新翻阅它们的时候，我才清楚地发现（我不知道我当初为何没有察觉），我记忆中的人都已远去，或许他们根本就是我们想象力的产物。

我总是认为，这些记忆是我了解你的唯一途径。但讽刺的是，我所紧握不放的记忆却正是阻止我们互相了解的根源。我们的过去如同幽灵一般侵入我们现在的生活，站在我们中间，阻碍我们尽力实现我们最大的心愿：真正地认识彼此。

我越想越觉得古怪。作为两个成年人，我们的关系竟然被仅仅几件事情深刻地影响着。对我来说，这些过去就像是黑胶唱片上的刮痕，播放唱片的次数越多，刮痕就越深，唱针永远无法进行到下一曲目。仿佛一个坏习惯，或是一种沉迷，这些过去的故事就像哨兵，牢牢地守着我回忆的大门，限制我对你的回应。

但是，这些特定的回忆为何会成为我们无法摆脱的存在？这也许是最奇怪、最令人困惑的问题。我们之间有着成百上千的故事，有的更幸福，有的更糟糕。为什么我选择的却是这些回忆？这难道是大脑的化学反应、因果报应，还是我孩童时期内心的选择？

无论真相是什么，我都不禁幻想我们如何利用这庞大的记忆库构建一段新的历史。如果我们能把回忆看作电影，有意识地选择我们想要的片段来推进剧情的发展，我们现在的生活会变成什么模样？我们的未来又会发生怎样的变化？

这到底能不能改变我们的过去？

第二部分
属于自己的故事

Prodigal

Father

Wayward

Son

成为父子: 爱的和解之旅

从浩瀚的记忆中筛选出来的那一小部分记忆,将我们塑造成现在的样子。

第九章 父亲的肖像

我相信，我们日后会成为什么样的人，取决于父亲在一些不经意的时刻对我们的教育，在那些时刻父亲并没有对我们说教，却对我们有着潜移默化的影响。

——安伯托·艾柯

山姆： 过去的几年间，当我和你一起试图从以往长期的冲突之中理清头绪时，我逐渐察觉到，我父亲的经历就像一面镜子，透过这面镜子，我看到了许多混合着他、我、你和你儿子的影像。

总的来说，我的父亲并不像普通人，他是一个矛盾的集合体。在大多数情况下，他都是一个开心的人。抛开他对婚外性行为的强烈反对，他就像希腊神话中的酒神狄俄尼索斯，热情、率性。

把这封信分享给你看，也许是介绍我父亲最好的方式。这封信是1986年他的一个学生写给我的，这个学生依旧记得，半个世纪前，我的父亲怎样影响了她的人生。

亲爱的山姆·基恩：

在我高三的时候，诺克斯维尔市的新领导是一位总是开空头支票的政客。虽然大多数人都被他的音乐所折服，但人们也憎恶他的不合时宜。那时，田纳西大学还没有设立音乐学院，直到"最受欢迎的基恩先生"来到我们的学校。

基恩先生是我看见的第一个极其严肃、直率而不圆滑、情绪外露的人。1937年，当他来到田纳西大学，主导开设音乐课程时，我加入了他成立的唱诗班。尽管所有唱诗班的成员都没有受过专业的训练，但他仍然按照专业的标准来要求我们。他一边踱步一边为我们上课，言语粗鲁，但我却完全为他的魅力所倾倒。我的一个女性朋友却因为他粗暴的语言而选择了退出。基恩先生的热诚和专业是我从未见过的，也是诺克斯维尔市从未见过的。在我大学一年级时，唱诗班表演了勃拉姆斯的《安魂曲》（*Requiem*）。这个幸福的时刻也许是我年轻生命中的第一次顿悟。

对保守的田纳西东部人来说，阿尔文·基恩先生是个难以捉摸的人物，这对他的家人，甚至他自己来说也是一样。在玛丽安·安德森的音乐会上，当她唱到"主舍命十字架时，你在哪里"时，我看到基恩先生泪流满面。当我们青涩的唱诗班在某些章节唱出了令他满意的效果时，我从他的脸上看到了平和、满足，甚至可以说是敬畏的神情。他把他所有躁动不安的能量都倾注给这个简短而迷人的时刻。也许在现在看来，生命的华美远超他的掌握。但我相信，恰恰是这样，他才富于创造。我从他那里学到了许多我一直以来引以为傲的合唱技巧。除此之外，基恩先生还教会了我更多宝贵的东西，比如看问题的新视角、如何辨别真伪，让我知道狭隘的不幸、希望乃至满足都不是绝对的，甚至对我们来说并不重要。他不只为我打开了一扇门，还把我带到了一个全新的世界。与这样自由随心的人相处了几个月后，我也变得不再那么保守了。虽然还带有一些罪恶感，但我决定开始阅读《飘》(Gone With the Wind)，我还悄悄跑到马里维尔市去观看海蒂·拉玛的电影《神魂颠倒》(Ecstasy)。

我不知道别人对他的看法，我相信他自己也并不在乎。他只对妻子和家庭显露的温柔很可能会被他追求自我情绪宣泄的性格逐渐吞噬，但他的怪异和缺点却使他以一个可爱的暴君的形象而闻名。他令我在生活的诸多方面都拓宽了眼界和思路。

如果你像你的父亲，那你一定是一个非常棒的人。

祝一切安好。

芭芭拉·茹·穆尔曼

这就是我十岁以前所知道的父亲——一个音乐人，对音乐和家庭充满激情。在与母亲结婚之前（母亲十一岁、父亲二十一岁那年，母亲在他的小提琴音乐会上为他进行钢琴伴奏），父亲与皇家男子四重唱的成员一起周游过肖陶扩地区。当男高音演唱者在蒙大拿州把他们的活动经费卷走后，四重唱乐队变成了三重唱。于是他安定下来，结婚，到威斯敏

斯特唱诗班学校学习。在爱荷华大学取得硕士学位后，他搬到诺克斯维尔市，在田纳西大学教授音乐，指导各个教堂的唱诗班。

　　父亲最好的朋友诺瓦尔·马丁经营着大学的零件店，他会根据教授们的要求制作各种机械教具。具有无穷创造力的他给父亲制作了一个高保真声音系统，上面完美地镶嵌了一个巨大的喇叭和帕卡德汽车的变速轮，关掉系统后它还可以旋转二十多分钟。我家的房子在校园旁边，当我家安装了这套系统之后，周围的邻居便经常沐浴在巴赫、贝多芬和勃拉姆斯的美妙音乐中。父亲会把音量调到最高，把手形成圆托状放在耳后，踱着方步，用他那富有感染力的舒缓男高音放声歌唱。每当母亲建议他把声音调小一点儿以免打扰邻居时，父亲就会对她说，周五晚上街对面的兄弟会举行派对时，也并没有为我们着想。况且他也确实认为，巴赫比波普乐更有意义！对话到此为止。

　　我们居住在田纳西州东部的切罗基印第安人居留地时，父亲给我和劳伦斯各买了一套弓箭。他警告我们，不要在车上玩。但是有一天，坐在车中的我实在忍不住诱惑，把箭套在了弓上，结果箭意外地飞出去了。"嗡"的一声，箭以想不到的力量从父亲的右耳边穿过，射到了挡风玻璃上。

　　父亲吓了一跳，他转过身来，举起拳头好像要打我，但最后他没有动手。他很少会对家人发怒，这是我所见过的其中一次。他后来告诉我，当他看到我脸上那恐惧的表情时，他感到十分愧疚。

父亲具有一种不容置疑的权威感，我不能想象他的孩子，或者任何一个唱诗班的成员会反抗他。他从来没有采取过我经常对你使用的（并不成功的）威逼手段。我们都知道，在他严峻的外表下是无尽的爱和慈悲的心。他从来不会长时间对任何一个孩子生气，几分钟后怒气就会烟消云散。

一个周日的早晨，我和劳伦斯被安排在诺克斯维尔市的威斯敏斯特大教堂的前排参加主日服侍。在赞颂和祷告的过程中，我们不能忍受长时间的久坐不动，于是我们开始沿着橡木长凳分别向两端悄悄挪动，挪到头后再挪回来，在长凳中间会合。我们沉浸在自己的游戏中——要知道，那个年龄段的男孩都异常地活跃——完全没有注意到父亲已经从唱诗班所在的楼层下来，不动声色地靠近我们。他一手抓住一个，半拉半拽地把我们带到教堂地下室的一个昏暗的房间里，那里面有一个大壁炉和一个办公桌，那是门卫莱纳德的宿舍。莱纳德是一个大块头，皮肤黝黑但性格温和。父亲给了他一美元，让他把我们带到杂货店，给我们一人买一个冰激凌。

给我们买冰激凌？我们唯一能想象到的就是我们像被喂肥宰杀的家禽，在残忍的处罚降临之前，给我们一点儿甜头。教堂的活动结束了，父亲开车带我们回家。家里等待我们的是美味的甜点，没有处罚，也没有人谈及这件事。

1943年，我们离开乌云笼罩的波阿斯镇，搬到了玛丽维尔市。令人费

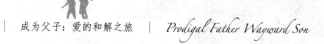

解的是，当地的橡树岭实验室把资金全部注入本地经济中，没有一分钱用于资助艺术。在那里，音乐无法与工业竞争，所以没有任何唱诗班指挥的工作。由于家里缺钱，父亲只好接受了唯一可以找到的工作。

外祖母凯瑟琳·麦克默里在大学里教家政课。美国经济大萧条时期，她创立了女大学生商店，使女学生们可以通过在大学里缝制各类制服维持生计。战争期间，海军和陆军的护士制服需求量飙升，于是父亲成为一位推销员，在全国的各个军事医疗机构来回穿梭，推销护士制服。他一向的做法是在护士宿舍设立一个销售点，这样护士下班后他就可以碰到她们。如果护士的身材适合标准尺寸，他就直接下单；如果不适合，他就会给她们量身定制。

渐渐地，他在外工作的时间越来越长，在家的时间越来越短。偶尔他也会带上我或者哥哥一起出差，但更多的时候我们要忍受他长期离家在外的时间，期盼着他回来。有时我们接到他的电话，他应该还在远方的某个城市，他告诉我们，他会在一周内回家。然而十分钟后，他就会出现在家门口，拿着一堆他在外边给我们买的零食和礼物。

有一次，他从蒙大拿州中部的一个地方打电话回来，问我们要不要一个水牛头标本。当时母亲在旁边偷听，她使劲地冲我们摇头，清楚地表明："不！绝不要！"于是，当父亲回来的时候，他带回了一只巨大的三足食人蚌壳，现在还放在我的花园里。

父亲对新鲜的事物充满好奇，并且能够享受生活。但他并不完美。他是一个希望别人完全服从于他的家长，每次他发脾气时都非常吓人。直到我后来接触到妇女解放运动时，我才认识到，我已经继承了他的这些优点和缺点。

　　伊甸园般的快乐生活结束于1943年，我们全家搬离了玛丽维尔市，定居在特拉华州的威明顿市。家里没有人愿意离开，但因为父亲工作的原因，我们必须在与阿尔文·基恩公司合作的制服加工厂附近居住。当我们开车驶入这个乏味的城市时，立刻就感受到了被打上化学巨头烙印的文化，我知道，我已经被美丽的伊甸园放逐。城市周围的几英里内都没有树林，也没有野生动物。我进入杜邦附属中学，之后五年的学校生活让我感到拘束和压抑。

　　来到威明顿市对父亲而言也是一个转折——精神上的堕落、噩梦般的生活，各方面都如坠深渊。杜邦、阿特拉斯、海克拉斯等化工厂坐落在德拉瓦河两畔，马库斯胡克的炼油厂喷出的有毒气体散发在空气中，他的哮喘病发展成肺气肿。他在那里呼吸困难，每次待不了几周就必须离开。

　　慢慢地，他变成一个无足轻重的户主，他花更多的时间去外地开拓日趋衰落的护士制服市场。母亲处理着生意上的所有事情——与客户沟通、打包、运送、计账等，而他花更多的时间在南方印第安人保留区里，寻找他能呼吸新鲜空气的地方。

　　父亲是一个天性爱流浪的人，把热情都倾注到一些虚无缥缈的事情上。在旅行到西南部时，他还爱上了搜集纳瓦霍尔人的地毯和珠宝。他会定期带回上千美元的货物，却只在恰好需要他支付账单时，才会很不情愿地把东西卖给那些喜爱他货物的人。他从不花费精力去记账，那都是母亲的工作。

当父亲在家时，他显得焦躁不安；当他外出做生意或待在西部的沙漠气候环境中自由呼吸时，他又感觉很孤独。常年在外的生活模式，使他完全无法适应社区的生活。就像他一样，我也很少待在家里。

第十章 基恩家的处事方式

> 每个男人都有愚蠢的时候，但最愚蠢的事情是从未愚蠢过。

> ——尼科斯·卡赞察基斯

吉福德：当我阅读你父亲那些奇妙的故事时，我的记忆之门也打开了，许多早已忘却的回忆涌入我的脑海。尽管我从未真正地了解过你的父亲，但通过你的眼睛看他，使我重新回想起你的活力和心血来潮——从你的讲述中，我在你的父亲身上看到了和你一模一样的性格。

下面是我还记得的一些事：

当我还是一个男孩的时候，你就常常告诉我："有错误的处事方式，也有正确的处事方式，但还有基恩家的处事方式。"我不需要问，甚至在你第一次告诉我时，我也没有问过。因为很显然，基恩家的处事方式是最棒的；因为无论怎样，我们基恩家所做的都比正确的处事方式更正确。

从一个小孩子成长为十几岁的青少年，我常常发现你一些令人羞愧的异常行为。很明显，基恩家的处事方式包括你在停车场、在海滩、在上帝面前、在每个人面前换泳衣。当受到责备时，你总是大笑着说："如果他们之前见过，现在这样做就不是新鲜事；如果他们之前没有见过，那现在就是他们要见证的时刻。"

你经常翻邻居倒掉的垃圾，倒腾垃圾箱，捡回已经破旧不堪的各种旧家具、旧衣服或旧日用品，你甚至从不试图掩饰你的行为。不仅如此，你还喜欢宣扬你在垃圾箱里的发现。你跨立在巨大的垃圾堆上，把你的所得举过头顶，用洪亮的声音喊着有个白痴（当然不是基恩家的人）扔掉了一个完好的面包机。无论我们窘迫地畏缩在哪里，都能听到整条大街上回荡着你的喊声。

你因营救公路上被车撞伤的动物而闻名。（感谢上帝）你不会捡回死掉的动物，但你总是从马路边带回一些"有用的"东西。酷暑时节，你喜欢开着绿白色相间的大众汽车，带着全家到各种充满异域风情的地方长途旅行。（如果你居住在肯塔基州路易斯维尔市的郊区，那么几乎每一个其他地方看起来都充满异域风情。）

每次出游都至少有一次，有时甚至是一天一次，你会毫无征兆地踩住刹车，突然开到高速路边的草地上。你狂躁地高声叫喊着，把头伸到车窗外，压着路肩全速倒车。引擎嘎吱作响，你对周围的喇叭声浑然不觉，甚至还会向其他司机竖中指。有时，高速路上会遗落一些"奇妙的珍宝"，你会因此大胆地蹿上高速公路，捡回一些诸如西服外套之类的东西。一回到车上，你就会掸去东西上的尘土，骄傲地展示你的战利品。"这是皮尔卡丹牌的。"你郑重地向我们宣布，抚摸着衣服的面料，露出一种精明的表情——奇妙的是，那些东西常常非常新并且符合你的身材。

你对被丢弃在公路上的东西显示出异乎寻常的敏锐，有时几乎是不可思议的。有一次，我们从亚利桑那州普雷斯科特市开往南加州旅行，你宣称，在我们最后离开高速路之前，你要捡到一件深蓝色的毛呢大衣。即使你有这样明显的天赋，这似乎也是狂妄的想法。那时我十二岁，对你的离婚充满愤怒，不想原谅你的这种小癖好。因此，随着时间的推移而并没有毛呢大衣出现时，我毫不留情地嘲笑你。但你泰然自若，只是和蔼地说，这次旅行还没有结束。该死的两天后，在距我们的目的地不到十英里的地方，你还没有来得及露出胜利的狂喜表情就把车猛地停在路中央，一条繁忙的高速路因为你几乎堵了一半。你跳出驾驶座，向路中央狂奔。当你这个自大的混蛋回来时，你手里拿着一样东西，是的，你猜对了，一件崭新的、深蓝色的毛呢大衣——是那种扣子银光闪闪的双排扣大衣，恰恰是你之前说的那种款式。我回想起来，当时我唯一的安慰是它的肩部稍微有一点儿紧。

在我十七岁时，有一次我们沿着伯克利和奥克兰之间的80号州际公路旅行，这是西海岸交通最繁忙的道路之一。你看见路中间有一条铁链，于是你猛然将车开到了路肩上。一秒后，我惊恐地看见你穿过川流不息的五条车道，去捡那条链子。你用了二十分钟的时间，多次努力地试图回到车上，我确信有两次你差点儿被卡车碾成碎片。

好吧，那的确是一条精致的链子——但是真的值得吗？

还有一次，我们在索萨利托市的一家高级餐厅里用餐，你恰好坐在甜点桌的前面。在整个用餐的时间里，你一直把你的椅子转向甜点桌，盯着蛋糕不放。桌上有一块看起来特别美味的巧克力蛋糕，但是几乎已经被吃完了，只剩下一块三角形的蛋糕边，三英尺厚的奶油上撒满了面包渣。正如我预料的一样，在服务生清理完餐盘、我们等待结账的时候，你向后靠近甜点桌，掐下了一大块蛋糕并把它吃了。"美味极了!"你大声说到。

我冲你轻声示意，希望你能注意礼仪，但你只是大笑——一种夸大的、自信的大笑——用整个餐厅里都能听到的洪亮声音说："如果你认为这不好的话，你应该看看我的父亲。"你的话引起了餐厅里每一个人的注意，他们都看着你。我把脸藏在手后，难堪极了。而你做了什么？是的，你只是又一次靠向了甜品桌，用手指挖了一大块厚厚的巧克力奶油放进嘴里，还舔了舔你的手指头。

然而，"基恩家的处事方式"并不仅仅限于通过可疑的方式取得可疑的东西等这些简单的事情。后来我发现，它还包括一些违法行为，如无票乘游轮（你只是想试试你是否能够做到）或从土耳其带回一点儿火鸡肉（国际航班严禁携带肉类。这一定只是因为你觉得"好玩儿"，因为据我所知，你从来没有熏制过火鸡肉）。

至今都令我困惑的是，你似乎从来都没有对你的行为持有一丝怀疑。相反，你在做所有这些事情的时候，都是如此地光明正大，带着自负的骄傲。但问题在于，你所有的特质都很突出：突出的缺点，突出的美德，洪亮的声音和灿烂的笑容。你有独特的人格魅力，随和的性格，当其他人为你另类的举动所倾倒时，我和姐姐却畏缩在后，恨不得地上有个洞能让我们钻进去。

不出所料，你的自大的确导致了某些愚蠢的糟糕局面。你轻率的行为造成了灾难般的后果——看在上帝的分上，你难道没有看过《午夜快车》①吗？甚至当一些非常严重的错误劈头盖脸地砸向你时，你后悔过吗？完全没有！"常常犯错但从不置疑。"你大笑着说，"这就是基恩家的处事方式。"

这并不能使你成为一个在生活中容易与他人相处的人，但这也的确让你能以自己的方式自由生活。你热衷于冒险，不理会别人的想法，也不在乎别人是否知道你的想法。在我很小的时候，你常常质问我，有时甚至会非常严厉。不止一次，我用"学校里其他人都这样做"的说法来证明我的行为是正确的。而你每次的回答都一样："如果其他人都跳下悬崖，你是不是也跟着跳？"

从我能思考开始，你就教导我要为自己打算。你要求我质疑权威——尽管你不希望我质疑你，但我一直都在这样做。你要求我为了变得优秀而努力奋斗，要更加注重自己的判断而不是群众的意见。上大学时，苏格拉底的这个永恒问题"你更看重谁的观点，是一个智者的还是一万个傻瓜的？"就像一个老朋友一样驻扎在我的心中。

你的自信和不理会别人的态度或多或少地在我身上留下了痕迹。从很早开始，我就有一种强烈的感觉，那就是通常社会上约定俗成的东西不能简单地适用于我们基恩家。我的同龄人视为不可违逆的规则，却被我看作人为的约束。我需要依靠自己的判断而非别人的想法来决定是否接受这些规则。

这种行为并没有使我在学校里受欢迎，也没有使我的生活更加轻

①《午夜快车》（*Midnight Express*），一部惊悚电影，讲述了一个美国青年在土耳其旅游时，因为藏有少量大麻而遭重判入狱，几经折磨后从监狱逃生的故事。——译者注

松，但它使我的生活更加有趣。你的生活方式，基恩家的处事方式，给了我一种自由感，一种自信去挣脱世俗的枷锁，一种信念去做我认为最好的事情，即使有时我的朋友甚至是你都认为我在胡闹。

如果没有这些东西，我不知道我是否有勇气建造我的小木屋，回到大学做一名大龄学生，辞去高薪工作，在家教育孩子，等等。因此，即便我在小时候对你的怪异行为感到窘迫，在青年时对自己与他人不同而极为愤恨，在成年后不止一次对你大发雷霆，如今回首往事，我依然觉得不会有其他的处理方式。当我给妻子读这一段时，她大声嘲笑我竟然指责你不懂礼仪，因为她坚称我也不懂。

我想，这也许就是我自己对"基恩家的处事方式"特有的表达。

第十一章 1969年的狄俄尼索斯①

一个男人需要一点疯狂，否则他永远不敢挣脱羁绊，获得自由。

——尼科斯·卡赞察基斯

山姆： 我在哈佛和普林斯顿的学术迷宫中漫步了十年，先后取得了神学学士学位、神学硕士学位和哲学博士学位。毕业后，我从事了一段时间的临时教学工作，之后在路易斯维尔长老会神学院谋得了哲学和基督教信仰教授的职位。于是在你即将满两岁的时候，我们把全部家当装上1953年的老式雪佛兰汽车，从新泽西州的普林斯顿搬到了肯塔基州的路易斯维尔。

刚开始，我迷恋有关这个新职业的一切：教师角色、正式服装还有学校的仪式。很快，我就有了三套西服（包括一套银行职员似的黑色三件套）、四件花呢夹克、各式各样的休闲裤、一大堆领带和一套用于正式场合的普林斯顿大学老虎队长袍。那时距休闲星期五②的出现还有一段

---

①狄俄尼索斯是古希腊神话中的酒神，尼采认为，酒神精神喻示情绪的发泄，是挣脱传统束缚、回归原始状态的生存体验。——译者注
②美国许多公司、学校组织的每周一天的便装日，在这天，人们不需要穿职业服装。——译者注

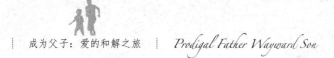

时间，教授们在所有时间里都要穿得十分职业。我西装革履，走路时昂首挺胸，恰到好处地展示着自己基恩博士的身份。

我的事业蒸蒸日上，但是工作上的忙碌使我几乎没有时间陪伴你和家人。我成为大学里最受欢迎的教授之一，也成为一个失职的父亲。

在这段时间里，我不断地质疑基督教教义，并显示出对权威的反叛态度。大多数学生因为这点而尊敬我，我也与少部分求知欲望强烈的学生保持着密切的联系。他们使我把教学看作更为重要的事。肯尼迪总统被暗杀后，他们聚到我的屋里寻求安慰；当要与马丁·路德·金一起上街游行、在州议会大楼外的台阶上进行绝食抗议时，他们向我寻求帮助。

我对我的事业心满意足，因为我觉得，去批判、质疑和再质疑那些未经检验的约定俗成之事，是我的职责，我也因此感到快乐。突然间，推翻母亲对于怀疑论的禁令成为我必须要做的事，我再也不必要求自己一定要对世间的重大问题持有答案。我成为一个快乐的怀疑论执行者。我完全赞同索伦·克尔凯戈尔的观点："如果上帝一只手掌握真理，另一只手掌握追求真理，那我宁愿选择追求真理。"

但是，紧张和冲突从一开始就存在。20世纪60年代，反越战争、迷幻音乐革命、嬉皮士运动爆发，这些结合在一起导致了当时美国文化的激进氛围和神学思想领域的革命。南美的解放神学思想和马克思主义革命者，成为美国民权运动的诱因。《时代周刊》（*Time*）甚至在封面上大胆地质问：上帝是否已经死亡？

我欣然参与到这股激进的热潮中，并组织讲座讨论存在主义、上帝之死和宗教哲学。我参加了一个由学生和教职工组织的社团，每周一在邮政局外游行示威，反对越南战争。肯塔基州爆发了民权运动之后，我也参与了马丁·路德·金的游行，对警察没有逮捕我们、只是让我们在大街上一圈一圈地行走而感到失望。作为一位新上任的教授，我如果不出版书籍就会被淘汰。于是，我的第一本书《为奇迹道歉》（*Apology for Wonder*）就这样诞生了。这本书被《时代周刊》和《新闻周刊》（*Newsweek*）提名为宗教领域最有影响力的十本书之一，我也被认为是"上帝之死"运动的领导人之一。

可以想象，这些活动并没有受到神学院里那些保守派成员的喜爱。他们自己承认，长老会成员做任何事都应该"适度而有序"，因此学校里的行政管理人员和大多数教职员工对我扮演魔鬼的支持者这一行为不甚满意。一天，校长和我进行了一次短暂的谈话。他一上来就问我，是不是真的有学生要求我遵守课前祷告的传统。

"我告诉他们，如果他们完成了功课，他们就没有必要祷告；如果他们没有完成，那么祷告对他们也没有用。"

校长并没有被逗乐，他要我在课上教授一些传统教义，例如基督的神性和主代我们赎罪等。

他说："我很高兴你教学生们去质疑，但是我们认为，你应该给他们答案。"

"我没有答案。"我回应道，"这就是我提出问题的原因。"

在我们的谈话最后，他警告我，他收到了许多对我的投诉，他还要求我在公开场合更加注意自己的行为。但是我知道，我在学生中的受欢迎程度足以保护我不被免职。所以我无视他的劝告，继续按照我喜欢的

方式教学。但从那天起，我开始怀疑自己是否能继续做一名神学院的教授。我在探索精神自由的道路上越走越远，连在表面上承认正统教义都快要做不到了。并且我发现，神学院里虔诚的氛围抑制了我。

他们认为，我是个危险的激进者，但我知道，自己的精神依旧过于良驯。

幸运的是，1961年，我即将开始一段为期一年的公休假。这是进入学校十九年来的第一次，我可以暂时放下对事业的不断追求。我期待这一年会是我评估现状、开展全新生活的一年。我完全没有意识到，即将到来的变化是如此巨大。

学期结束后，学生们送给我一枚徽章，上面刻着"1969年的狄俄尼索斯"的字样。我们全家人坐进改装的大众汽车里，驶向加利福尼亚州。那里是我学习人本主义心理学的地方，也是一个新纪元疗法随处可见的地方。

我们来到德尔玛市，进入一片充满机会的海洋。我第一次参与了哲学家安倍·卡普兰的会心小组①。当我在讲述我的父亲在长途旅行中突然消失、我十分孤独的时候，我突然爆发出深切的痛苦，也体会到了自发地产生感情与我通常以学术风格分析情感的不同之处。

我们全家参与了心理学家维琴尼亚·萨提亚的讲座。她要求我们表演一个我们都曾感到绝望的场景：我下班回家后很疲倦，倒在椅子上想

_____

① 会心就是指心与心的沟通和交流，会心团体的宗旨是促进个人的成长，包括了解自我、增强自信、寻求有意义的人际关系等。——译者注

要看报纸。而你一直在打断我，以求博取我的关注。最终我实在受不了了，大声呵斥你："别烦我！"你感受到了伤害，我把脸转向报纸，心里却十分愧疚。维琴尼亚对这个场景做了一个小小的修改。在你打断我时，我会跟你有一些身体接触，比如拥抱你或者抚摸你的头，然后说："吉福德，我现在很累。如果你能让我先看十分钟的报纸，之后我就来陪你。这样可以吗？"

你回答："当然，没有问题。"

这是我们第一次学会如何化解冲突，也是我第一次认识到，我过去是多么习以为常地忽视你。

我们的公寓正对着海滩，我买了一个八英尺长的黄色冲浪板。对年轻人来说，这个款式已经过时了，但对于一个大学教授来说它的重量却刚刚好。每天早上你去上学之后，我就去冲浪，没几天我就能征服简单的浪花了。

学校放学后，你会以最快的速度冲过来加入我。在你的人生中，这是第一次我有完全自由和空闲的时间来陪伴你。当我们一起冲浪的时候，我感到我们父子之间的联系更加紧密了，在这之前我们很少会有这种感觉。我记得有一天，我们并排浮在海面上，想要征服一道巨大的浪花，你成功了，我却没有做到。我当时的第一反应就是骂脏话。这是你第一次超越我，我很惊讶，同时我也感到骄傲和忌妒。

每当回想起我们在德尔玛的时光，我都不禁在想，如果我们一开始就住在那里，我们之间的关系会不会更早好转？

在那段精彩的自由时光里，我还进行了很多其他的活动，最后我开始为德尔玛市发行的《今日心理学》（*Psychology Today*）杂志撰写稿件。

一个阳光明媚的下午，我在《今日心理学》杂志社大楼对面的一个酒吧里享受休闲时光，听见邻座的人在讨论他们刚刚读完的一篇文章："我真希望我们能多看到一些写得这样好的文章。这个山姆·基恩是谁？"我的耳朵竖了起来，一下子就精神了。这些专业的作家和编辑们正在讨论我的作品！

那一瞬间，我似乎听见一个微弱的声音在邀请我成为一名作家。

在我公休假期即将结束的时候，我已经做好了准备，我要放弃安稳的终身职业，投身于自由职业者的精彩生活中，于是我给学校打电话，提出辞职。学校的工作人员刚刚结束了午间休息，不到一个小时，他们就给我打回电话，接受了我的辞职。由于我一直以来总是提出质疑，他们认为我不再是一个基督徒，所以对于他们如此迅速地做出决定，我也毫不惊讶。那时，我正一个人在德尔玛的公寓里。我狂喜地用最高的声音唱了好几个小时，以至于第二天我几乎都无法说话了。

我属于我自己。我自由了！

第十二章 手表

海水只有盐的味道。真理只有自由的味道。

——释迦牟尼

吉福德：我人生中的第一个真爱就是太平洋。

1968年，我刚满八岁，我们家搬到了加利福尼亚州的德尔玛市。那时的德尔玛是嬉皮士、冲浪手、肥胖者、民主党退休官员的避风港，是一个死气沉沉、破败的海滩小镇，与卡尔斯巴德市、卡迪夫市和恩西尼塔斯市一起坐落在圣地亚哥的北部，毗邻一条保养不当的双车道高速路，好似一条黯淡的珍珠项链。我们到达时正值酷暑，我和父母、姐姐挤在破旧的大众车里胡思乱想，十分疲惫，不知道将来会如何。我们绕过主路边一排贩卖艺术品的商店，沿着曲折的山路往海边的方向行进，最后停在了一栋两层海滩小楼后面坑坑洼洼的路上。这栋楼就是我们接下来一年要居住的地方。

我蹦下车，跑到覆满沙子的前院。离房屋不到五十英尺的地方有一条不长的水泥海堤，海堤后面是一大片广阔洁白的沙滩以及整齐排列着

的棕榈树和房屋。冲浪手和几艘帆船漂浮在海面，人们沿着海边散步，狗狗们在沙滩上嬉戏，孩子们在愉快地放风筝。

但我的眼中只有那片一望无际的大海。

赤脚站在沙滩上，我的心仿佛脱离了身体，浸入漫无边际的蓝色。沉寂已久的渴望开始苏醒，点燃了陌生而强有力的、我自己也无法描述的情感火花。

那天的海浪又高又大，透明的浪花一排接着一排拍打着海岸，在阳光下闪耀着从蓝绿色化为白色的泡沫。远处，太平洋向着海天交接的地方不断延伸，超越了目之所及、人之所知、心之所想。

我被彻底地震撼了。闭上双眼，我聆听海浪拍击岸边的重音，还有雪白的浪花冲上沙滩然后回落的安静。我听见海鸥的叫声和棕榈树叶随风摇摆的沙沙声。微风拂过我的脸庞，带来海洋的气息、海盐的咸味以及热带植物和远处岛屿的味道。

那是自由的味道。

我对大海的热爱在之后的几天里不减反增。晚上，海水拍打礁石的声音伴我入眠；清晨，我还未睁眼就闻到海盐的味道。每天我都去海里游泳，把我所有的时间尽可能都用在沙滩上。

很快学校就开学了。但每个下午，我都会飞快地跑下校车，踢掉鞋袜，换上皱巴巴的短裤，奔向大海。

我家的北面是一片延伸入海的平坦沙滩。沙滩上人潮拥挤，躺椅、褪色的太阳伞和破旧的木板路连成一条条线。再往北走半英里，沙滩就被一道高而陡峭的山崖所阻挡，我无法爬上去，也无法在嶙峋的怪石间发现通道。

从家往南走一小段路，地势突然陡峭起来，悬崖高高地立在海边，甚至连我家的房屋也看不到了。这里很少有人来，海滩向远处绵延十几英里，仿佛诉说着神秘和冒险的故事。令人伤心的是，我并不受它的欢迎。

至少一开始是这样。

像所有八岁的男孩一样，我充满好奇心，喜欢到处乱跑；像所有负责任的家长一样，我的母亲非常担心我。一开始，我被要求待在房子周围，不能离开她的视线。不久之后，我稍微自由了一些，但仍然被禁止离开母亲设下的安全区域——离家四分之一英里的范围。这样，一旦母亲担心我，她就可以在海滩上找到我，喊我回家吃晚饭。

在母亲设下的安全区域外，沙滩变得荒凉和空旷。再往外半英里，就能看到一大片潮汐池。你带我去过几次，但每次都很匆忙，我从来没有机会去仔细探索。我只能待在被允许的地方，远远地望着那片潮汐池，它们在召唤我，那感觉就像塞壬的歌声一样，让我无法抗拒。

完全可以想象得到，在一个午后，我终于没能抵抗住诱惑。我紧张地朝四周张望，发现没有人后，便跑向那片沙滩。潮汐已经退了，这一大片潮汐池让我觉得新鲜极了。我仔细地探索每一个潮汐池，从挂着海藻的岩石爬下去，滑入水中，完全不顾被水打湿的衣服和被岩石划破的膝盖。我看到了美丽的海葵，它们五彩的卷须在水中挥动。长有毒刺的海胆住在岩石的缝隙中。我还看到了章鱼、鳗鱼和不计其数的其他鱼类。

沉浸在违禁探险的刺激之中，我忘却了时间。直到太阳变成一个即

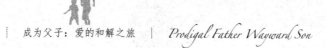

将融化的金黄色圆球，快要熄灭在海平面上时，我才意识到了时间的存在。我赶快离开这片潮汐池，沿着水边潮湿坚硬的沙滩拔腿往家狂奔。

我应该在半小时之前就回家了。母亲一定早就在到处找我。这个时候她也许已经让你也来一起找我。我加快了步伐，一心希望我能平安地返回到我的安全区域。就在我快要到达时，我抬起头，看见一个身影朝我走来，毋庸置疑，那就是你。一阵恐惧席卷了我的胃，就好像我刚刚吃掉了一个变质的玉米卷饼。

我有麻烦了。

"你母亲一直在找你。"当我们相遇时，你问道："你去哪儿了？"

"我知道我不应该去那么远的地方，但已经退潮了，而且潮汐池真的很酷。对不起，我不会再这样了。"

我低着头，等待着残酷的拳头落下。

"过来。"你的嘴角露出一丝笑意，"我们可不要耽误了晚饭。"

我们肩并肩，一同走在黄昏之中，看着云彩从橘色变成粉色，然后是紫色，最后变成灰色。

预期中的惩罚并没有到来。反而在第二天，你送给我一块手表。那是一块小小的天美时手表，有着白色的表盘、黑色的表针和细细的黑色皮革表带。手表放在一个硬塑料包装盒里，包装盒上有天美时的商标和这样一句标语"轻轻触动，永不停息"。

你和母亲讨论过这个问题。当你这样告诉我时，你的眉毛轻微皱起，好像在疑惑为什么这样的谈话会发生。尽管你没有明说，但我理解，当母亲想要把我拴在她身边时，你制止了她。这件事的结局就是，只要我想，我就可以自由地去沙滩上玩耍。只是有两个限制。

第一，我不能跨越多利松沼泽。那是一片巨大的、由于入海口狭窄而形成的沼泽内陆湾。受潮汐的影响，沼泽的水流可以从膝盖深的细流轻易地升级为宽而深的浪潮，足以把一个强壮的游泳者卷至离岸边半英里的地方。涨潮的时候更加糟糕，潮水能把一个小男孩拖入泥沼，使他无法脱身，永远地在这个世界消失。

但这几乎是一件不可能的事情。这片沼泽离家四英里远，比潮汐池更加超出我的能力范围。

第二，在我有了新手表之后，我必须在每天六点前回到家。这是一项重大的责任，但你告诉我，你认为我已经有能力承担这项责任。但凡有一次我回家超过了六点，你就会收回这块手表和我的特权。

这块手表成为我强有力的法宝。它使我摆脱了令人窒息的看管，可以自由地与大海交流。我与这块手表一起走过了几百英里，欣赏了许多美景。

风暴过后，沙滩上遍布的碎石屑勾起我对于沉船和荒岛的幻想。我成为潮汐池的常驻民，搜集了上百颗贝壳，将它们整齐地摆在我的桌柜上。我在悬崖边发现了一个洞穴，那是我的藏身之处。很多次，我会一直走到沼泽边上。经过了潮汐池之后的道路上，除了偶尔会看到一些冲浪手和海滩流浪者之外，我通常都是一个人。我是自己王国的统治者。

我一直在想，在那个很久以前的晚上，你看见我从被禁止的潮汐池回来，浑身湿透、沾满泥污却十分兴奋的时候，你是否想到了你和你的

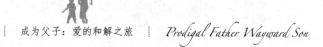

哥哥在树林里闲逛的场景。我想，也许你当时还会有一点骄傲，因为我突破了母亲设定的限制。无论怎样，你都给予了我独立的机会，这是我童年中最精彩的一段时间。

记忆中，我没有一次在六点之后回家，也从未穿过沼泽。我承认，有几次当我看到沼泽的水位很低的时候，我动心过。但你不仅给予了我自由，还给予了我信任。我的内心充满感激，人生中第一次如此真诚地想要尊重你的期望。

有时我也在想，如果我们继续住在德尔玛市，我们之间信任的萌芽也许会成长为真实，我们会比现在早很多年就成为朋友。但是一年之后，你把我拖离海滩，带回残忍的现实中——你和母亲的离婚，乡下学校，还有高温干燥的亚利桑那沙漠，那是与我所深爱的大海截然相反的环境。

那段短暂悠闲的时光依旧深刻地影响着我成为一个怎样的男人。对大海的记忆和曾经的我——那个沿着沙滩独自行走的我——帮我度过黑暗时期。之后的几年里，这些经历促使我做出了人生中最愚蠢和最精彩的决定。你送给我的那块便宜的天美时手表，也让我尝到了那悠远、甜美却又危险的自由的味道，我一生都无法忘怀。

这是父亲能给儿子的最好的礼物。

第十三章 塞壬之歌

有人在晚餐时站起

走向屋外，不断前行

只为到达某座立于东方的教堂

如果他死了，他的孩子们会为他祷告

有人足不出户

死于杯盘之间

他的孩子们必须寻遍世界

找回那座失落的教堂

——赖内·马利亚·里尔克

山姆：在我享受公休假、还没有提出辞职的时候，我接受了为期一个月、主题为"神学和人类潜能运动"的讲座邀请。我和希瑟前往大苏尔的伊莎兰中心，开启了一场朝圣之旅。此前我们谁也没有过体验觉醒灵性、探索人类潜力以及在太平洋岸边进行露天裸体热石SPA的经历。

我对裸露和自由放纵的氛围感到既兴奋又紧张。当时我和希瑟正在经历第二个七年之痒，我们彼此对这段婚姻都不甚满意。我希望自己能从束缚中解脱出来。要知道，自青春期开始，性冲动就成为一种持久且不可避免的存在。肉欲的塞壬之歌不断在我耳边响起，并且随着禁忌程度的加深而显得越发诱人。

在伊莎兰中心的第二天，我们对裸体SPA的抗拒便已消解得差不多了。我尽可能装作若无其事地脱下衣服，解开围在腰间的浴巾步入水池，好奇地看着眼前的场景。我的目光几乎是立刻就被一个女人吸引了，尽管作为一名哲学教授，我看过许多裸体，但这个女人是我所见过的最漂亮的女人之一。

她正躺在按摩桌上晒太阳。她的身体在清晨的阳光中闪耀着光芒，就像我梦中最完美的女人。她的脸庞圆润而柔软，前额和嘴唇的线条紧致而丰满。她的头发就像一束野水仙混杂着蓝草，她时不时地梳理它们的频率就好像一位银行家在检查他的股票。她看起来是那么尊贵，甚至还有一丝傲慢，让人忍不住想要听从她的命令、对她的青睐而心怀感激。毫不夸张地说，她的美丽催眠了我。只要她在我的视线内，我的眼睛就像飞蛾扑火一样，无法离开她。

在伊莎兰中心的那一个月内，我和她交谈、调情，但仍保持着安全的交往距离。

一个月后，我离开了伊莎兰中心，依旧保持着已婚、有子的状态。浪漫的夏日爱恋对我这个年龄来说并不合适，我也仍然饱受性幻想的困扰，受制于模糊的羞耻感。

回到德尔玛市后，我和希瑟接受了亚利桑那州普利斯考特学院的工作邀请。希瑟教授舞蹈，我教授哲学。普利斯考特强烈地吸引着我，以至于我完全没有意识到，搬家对你来说是多么大的灾难。我们去拜访了我的父亲，他已处于生命的末端。他死后被埋在一个可以俯瞰小镇的墓地里。对我来说，普利斯考特是一个神圣的地方。父亲无处不在，却又无处可寻。他仿佛依旧存在于白杨树燃烧的火光、宽阔的羚羊谷以及商店里纳瓦霍人手工毯子的麝香香味中。我那时还不明白，我必须要回到这个地方来摆脱身上的枷锁。

我们搬到普利斯考特郊区的一座农庄后不久，我和希瑟就商量展开一段开放式婚姻。通常来说，我们性幻想中的事情并不会发生，然而在9月的一天下午，那位伊莎兰中心的美丽女人毫无预警地出现在家门口。接下来的一周，我们有很多肢体上的亲密接触。这有些尴尬，有些试探，还有些令人不安的无罪感。当她离开的时候，希瑟同意我今后出差的时候可以去拜访她。

你们小孩子不明白当时发生了什么，但这件事使你们十分焦虑。我和希瑟向你们保证，一切都很好，我们不会离婚。我们并不是随便说说安慰你们，我们是认真的。这件事在当时看来只是一次无知的探索，我们完全没有想到它会导致怎样的恶果。

我与她开始同居。我们两个性格相反的人看似是完美的结合，她是一颗加利福尼亚州的熟杏，而我则是田纳西州的布鲁特克猎犬，我们是

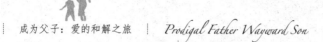

般配的一对。别人认为我们是热情的化身，但事实却令人沮丧，我们更像亲密的战友，而非爱人。我们都试图侵占对方的个人王国。性爱只是我们之间斗争的一部分。

　　没有什么比我们搬家的次数更能表现我们的不稳定。二十四个月里，我们住过四个城市、八处公寓或别墅、一辆蒸汽拖车和无数的汽车旅馆。我们的家庭生活——如果可以这样称呼——被频繁地冲突所打断：我有十几次跨州出差去纽约、华盛顿、菲尼克斯和旧金山，还有三次跨越现实的迷幻之旅。

　　尽管我对她充满迷恋，几乎每时每刻都在想她，但我却对她的身体没有什么兴趣。一夜又一夜，我躺在她的身边，大多数时候都毫无兴致，并且内心羞愧，但我不愿离开她。我决定不能让父亲的禁忌继续禁锢我的生命。

　　我记得只有一个晚上，当我们互相依偎在炉火旁，静静地聆听窗外的雨声安然入眠时，我们才获得了长久以来只有在梦中才能感受到的亲密。尽管她有着惊人的美貌，但一开始令我坠入爱河的并不是她的性感。我没有在追求肉欲，而是在追求身体的自由。

　　我和她的感情结束时，我终于发现这件事情的本质是叛逆，因为我拒绝生活在父亲的阴影里。我决定要继续父亲的未竟追求：对自由的探索和对事业的坚持。

第十四章 闹钟

思考自杀是令人欣慰的，

因为那意味着一个人熬过了许多黑暗的夜晚。

——弗里德里希·威廉·尼采

吉福德：1972年，你离开了我们的家，一走了之。

母亲给我买了一个闹钟。

那一年，我不断地想要自杀。

1970年的秋天，我们搬到了亚利桑那州的普利斯考特，我仿佛被逐出了伊甸园。我们之前住在德尔玛市，离海滩只有几十米。在那里我拥有一颗无拘无束的、天真的童心。我留着冲浪手的发型，被阳光晒得褪了色的金发长过了肩膀，我穿着金丝绒喇叭裤，系着自己改良过的编织皮带。

但是，在我来到普利斯考特的泰勒希克斯小学的第一天，我就发现在德尔玛市最时髦的扮相彻底遭到了亚利桑那州那些共和党农庄主们的儿子们的冷遇。我立刻就受到了同学们的排斥，他们称我为"不要脸的嬉

皮士"，这是普利斯考特当时刚有的词。更麻烦的是，我当时已经具备了大学程度的阅读水平，比大部分的老师掌握的词汇都多。对我来说，加利福尼亚州的一切都非常酷，但是普利斯考特却是一帮愚昧无知的乡下人的聚集地，他们所能想到的好事就是阉割牲畜和近亲结婚。我不能与我的同学分享我的这些想法。我并没有更受欢迎，这一点也不奇怪。

比在学校受到欺凌或是面对你们即将到来的离婚更为糟糕的，是一种刻骨铭心的错位感。在德尔玛市，我在学业上从来都是出类拔萃，我自己也很好地融入了那个环境。我理解那个世界，我知道我属于那里。但当我搬到普利斯考特时，我陷入了深深的迷茫。

在我们普利斯考特的家里，客厅中间有一个独立的壁炉，连着一个黑色薄金属片制成的椭圆形烟囱。我们搬进去后不久，你就用橘色、红色和黄色的油漆在烟囱上写下了"男人需要少许的疯狂"的字句。这是勇敢的表现，也是对主权的渴望。你的行为触动了我灵魂深处的某个角落。虽然我不能完全理解这句话的含义，但我确切地知道，我需要某些东西——疯狂，这听起来真不错。

即使在你离开家庭之后，这句来自《希腊人佐巴》(*Zorba the Greek*)电影中的话依旧留在烟囱上。我曾经一度以为，这是你特意留给我的秘密信息。只有解开文字的奥秘，理解它真正的含义，我才能够释放藏在我内心深处的力量。这股神奇的力量能够帮助我改变，以回报你对我的关怀。

有一天，当我从学校回到家时，我发现那些鲜艳的文字不见了，留下的只是一块黑色的油漆痕迹。母亲遮盖了那些文字。你留给我的最后一块勇气碎片就这样被抹去了。

我极其愤怒。但是当我质问母亲的时候，她并没有表现出后悔的样子，只是给了我一个闹钟。她告诉我，她被男人压迫了太久，不愿意再做家庭的奴隶，继续屈从于这个男权主义的社会了。看来，作为家中唯一的男性，我要一个人承担这个责任了。从现在开始，我要给自己做早餐、打包午餐盒，尤其是要用我的新闹钟来叫醒我，自己起床去学校。

现在能很轻易地看出，当时的母亲和我一样迷茫、生气和害怕。她的世界崩塌了，她在寻找应对的方法。但我当时只有十一岁，不能明白她的想法。在我年轻、绝望的心中，她和你一样抛弃了我，放弃了对我的关心和责任。这对我是沉重的打击，我觉得我与这个残破的家庭再无联系。

这个圆形的闹钟有着橘色的金属外观和荧光绿色的表盘，深绿色的数字和指针能在黑暗中发光。闹钟顶部有两个半圆形的黄铜色铃铛，由拱形的铁片连接在一起，铃铛中间是一根黄铜撞针。闹钟背面有四个圆形的旋钮，一个用来上闹铃发条，一个用来上钟表本身的发条，另外两个用来设置闹铃和钟表的时间。

接下来的几个月里，我开始无止境地厌恶这个闹钟——远非厌恶一个无生命物体那么简单。它不仅成为我生活崩塌的最大象征，而且还会整夜整夜地发出嘀嗒的响声。在我五年级和六年级的时候，每当无止境的黑夜降临时，我都躺在床上与恐惧、失眠和悲伤做斗争。这时，白天几不可闻的嘀嗒声变得震耳欲聋，我的思绪仿佛被卷进那个俗气的橘绿

色闹钟的齿轮里，被挤压，被碾碎，无法控制地扭曲着在我脑海深处的黑暗中疯狂前行。指针的每一次移动都好像一拳重击，嘲笑我的无数缺点和悲惨无望的处境。

在学校时受到的欺凌使我非常害怕，随着闹钟的嘀嗒声，白天的屈辱一遍又一遍地在眼前回放。我会回想起与母亲的最后一次争吵，想象我应该跟她说什么会更好，或者会回想起老师们对我的轻蔑态度。最终我总是会想起你。你会回来与母亲重归于好吗？你会回来和我们一起过圣诞节吗？你会带我一起离开这个地方吗？

我把这些不眠之夜的折磨，被欺凌后的绝望，母亲的忽视，尤其是你的离去，都怪罪于那个可恶的闹钟。

在闹钟侵入我的生活之后不久，我和母亲开始为家中一系列的权利而争吵，多么可悲。首先是电视。为了驱散心中的恐惧，我从学校一回到家就打开电视，一直看到我睡着为止。母亲认为，长时间看电视会腐蚀我的思想，于是剥夺了我看电视的权利。我开始每天放学之后都坐公交车去玩桌球，一直玩到母亲接我回家。由于某些原因，很可能是因为高年级学生勒索我，母亲认为打台球不是一项合适的课外活动。她要求我，如果要去打台球的话，必须与学校的朋友一起去。但我在班里被同学们排挤，我没有朋友。这是一个无法摆脱的困境。

最后，我只能放弃挣扎，把自己沉浸在书的海洋中，这是我唯一知道的母亲不会阻止我的事情。每天的整个下午和晚上我都在看书，看科幻小说，有时一周甚至能看十几本小说。但我对生活失去了希望。

就在这时，我开始想到了自杀。

我有一把折叠小刀，珍珠材质的刀柄，整体还没有我的手指宽，但有着八英寸长的刀刃。有时，我会打开折叠刀，对准我的胸膛，幻想它插入我心脏的情景。有那么一两次，我轻微地加了一些力道，刀刃戳着我的胸口很疼，我知道自己没有动手的勇气。

也有一阵子，我想过上吊自杀，但是窒息而死看起来太可怕了。然而，我还是用在车库里发现的麻绳做成套索，病态地绕成复杂的绳结，四处寻找能够悬挂的地方。

我也幻想过能找到一支枪，然后带到学校。我第一个要开枪射击的人就是谢尔曼，那个残忍的大块头橄榄球员。然后就是威廉，他言语刻薄，他的尖头牛仔靴踢在我的小腿上后总会留下圆形瘀痕。有时，他和他的朋友把我打倒在地，也会在我的肋骨上留下同样的瘀青。等他们死后，再无转圜余地时，我会把枪对准我的太阳穴，然后扣下扳机。

我只是想停止这种痛苦、恐惧和羞辱。我想要死亡。我想让每个人都后悔他们的所作所为。但是我做不到。我没有决心付诸行动，我也因此鄙视我自己。要是我有胆量能够挺身而出直面欺凌，也许我就不需要自杀。或者如果我有勇气，也许我能找到一支枪结束自己的生命。

像所有的小孩子一样，我把你的离去归罪于我自己。我没能成为你想要我成为的样子。我在家里什么都不干，我的学习成绩很差，我拒绝剪掉我杂乱的长发，直到小老鼠顺着头发爬上我的后脑勺。你总是告诉我，男人要坚强、无所畏惧。但我那时还很小，很弱。我无时无刻都处在恐惧之中。

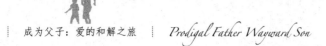

最后，我都分不清是什么使我更软弱：是我对自己懦弱的恐惧？工作热情的缺乏？我自身的渺小所以不配获得你的爱？还是我有失偏颇地认为，这一切都与我无关，就算我集保罗·班扬①、拳王阿里和耶稣的品质于一身，你也仍然不会爱我？

关于我人生中这一时期的很多记忆都已经模糊不清，迷失在抑郁的阴霾中。我真的不止一次给你打过电话，恳求你带我回加利福尼亚州吗？我真的告诉过你，我知道你为什么离开，但看在上帝的分上，请不要把我留在这个人间炼狱中吗？或者这仅仅是我每晚在床上辗转反侧，被那个该死的闹钟吵得无法入睡时，在脑海里一遍又一遍地幻想出的我们的对话，直至我自己也终于相信它们真的发生过吗？

我没有答案。

当你离开家庭，与你的情人一同返回加利福尼亚州时，最糟糕的事情是，我几乎无法怪罪于你。因为我也几乎以一个十二岁男孩的方式爱上了她，我知道这并不是什么值得骄傲的事情。如果我是你，我也会毫不犹豫地选择她。并且我也会尽我所能离开这个房屋，远离普利斯考特的乡巴佬们，回到加利福尼亚。

我真的能够理解你为什么选择离开。但你为什么不带上我？那时的我很难接受这一点。而我现在作为一个父亲，更加无法理解你当时的决定。

---

①美国民间传说中的伐木巨人，他富有智慧，拥有超人般的力量和敏捷。——译者注

一开始，我很犹豫是否要回忆这些过去，把那段久远的艰难时期写成文字。但如果想要寻找我们冲突的根源，我们就无法忽略你当初对我的遗弃。这也许是我童年中最重要的事件，没有什么其他的事更能影响我与我孩子之间的沟通交流。尽管这对我来说是生命中最糟糕时期的故事，但我希望它也显示了你需要宣泄的情感。毕竟你在那片工厂的污染区内生活了几十年。我严厉地惩罚你，因为你离开了我，就像受害者对待加害者一样，没有一丝怜悯。

我想也许你应该知道原因。

第十五章 再见，我的父亲；再见，我的儿子

离别的痛苦中，我们才知道，爱有多深。

——乔治·艾略特

山姆：1971年的圣诞节后，我和她来到普利斯考特度假。那是一段痛苦且迷茫的时期。我和希瑟的婚姻已经结束，但我们还没有离婚。我进出于这个房屋，有时与她一起，有时只有我自己，有时我待在屋外车道上的蒸汽拖车里。没有人知道接下来会发生什么。

我和她一回到家里，希瑟就已经准备好了圣餐，有茶水、燕麦饼干和新鲜面包，并开始进行我和希瑟以前共同创建的圣餐仪式——这令我手足无措。利尔开始一件件讲述她养的小动物都做了什么——取名为阿米莉亚的小兔子在初雪时就挖洞逃跑了，小老鼠依旧可爱不过仍然热衷于偷偷藏东西。

而你在我们每一句谈话间隙的沉默里，都请求我跟你一起去探查一个你认为可以当作据点的地方。我也想与你度过一段忙里偷闲的时光，于是我让你牵着我的手，把我带到了一个小山上。后来，在这个小山

上，我找到了一块石头，为我父亲的坟墓制作了墓碑。我们爬过巨石和纠缠的树枝，到达了一个由三块大石头围成的半山洞里。这个洞穴三面都没有出口，甚至从家里也看不到这个地方。洞穴的空间足够两个人睡觉，还包含生火烤培根的地方。洞穴外是一块平坦的小高原，可以从这里俯瞰整个山谷，是阻击敌人的战略性要地。我们两个一起对着天空构建了整个蓝图，并计划第二天再一起过来。但对建设洞穴的狂热导致我们无法推迟计划。"如果你能拿来斧头和铲子，"我说，"我就能开始清理这些落石，这样我们就能在晚饭前有一个好的开始。"

你匆忙地离开了。松叶香味的风在我四周围绕，有那么一刻，我觉得我回到了十一岁。在你离开期间，我把落石收集起来，准备堆成一堵墙。等你回来的时候，我们就开始把小树苗砍断，组成石墙的架子。我们还把老树枝堆在墙外使其更加牢固，并且把这个据点伪装得让人更难以分辨。夜幕降临，我们坐在一起欣赏我们的劳动成果。然后我们手牵着手，怀着一种短暂的、温暖的战友情，回到了那个再也不是我的家的房屋。

那天晚上，当我和她睡在租来的房子里，我所能想到的只有那个未完成的据点以及我们能否还有时间在你创建自己的家庭之前一起生活。一直以来，我被海浪推着，离家越来越远。这种似是而非的可能性一直萦绕在我的脑海中，就像一系列龙卷风最终汇合成完美的暴风雨一样。日日夜夜我都被这个问题困扰。我无法停止思考我的情人和家庭，有时，这些纷乱的、不可能的矛盾使我几近疯狂。

在我最终离开普利斯考特、抛弃了我的家庭、与她在德尔玛定居的前一天，我觉得我必须举行一场陌生的仪式。我在房屋后面的山上四处搜寻，发现一块巨大的驼色石头。我把它移过灌木，放在了私人车道上。然后我花了好几个小时，用锤子和凿子，在石头上刻下了我父亲的名字。午后，我把它带到了墓地，在一棵大松树旁找到了埋葬父亲的地方——那里并没有明显的标记。我能感觉到12月的冷风如刀割一般吹过我的肌肤，还有滚烫的眼泪划过我的脸颊。

我在沙质的土壤上徒手挖了一个洞，放入了我的第一本书《为奇迹道歉》（这是我献给他的）和一双他穿过的皮鞋（这是我从他去世的医院房间里拿回的）。然后我把那块巨大的石头放在这个浅浅的坟墓上。我在坟前坐了很久，与他所在的大地分享了一整瓶酒。

然后我与父亲进行了最后的道别："父亲，我无法想象，如果我没有扭曲地生活，我会成为怎样的人。但我不想在回顾我的人生时，因为缺乏做自己的勇气而感到羞愧。我也不想把你和母亲倾注了所有的爱而放在我身上的禁忌继续传递给我的孩子。我为我所导致的混乱和痛苦请求宽恕。原谅我吧，现在，我也原谅你。"

当天晚些时候，我和她离开了普利斯考特，前往德尔玛市。但是在我们还没到达亚利桑那州州界的时候，我就开始思念我的家庭，甚至比我对她的渴望更多。我本来可以心甘情愿地回去，但现在已经太迟了。我已经开启了一段无法回头的旅行，注定要在荒岛遭遇海难。流放于家庭之外，我无法忽视你、利尔和希瑟为我的自由而付出的沉重代价。在此后的多年里，我们都将承受着断肢般的痛苦。

第十六章 项链

在沉闷无趣之时，

我宁愿与父亲分享我的损失，

也不愿承受他离去的痛苦。

————斯坦利·库尼茨

吉福德：说来也奇怪，我俩关系最糟糕的时候，也是我们之间和解的第一个伏笔出现的时候。那时你已离开普利斯考特，但尚未与母亲离婚，我把那段时期命名为"袜子抽屉"时期。

这个无伤大雅的小绰号代表了那些你回来的短暂时间。你不能确定隔多少天回家，回家后也不能确定停留多少天，有时你与你的女朋友一起回来，有时你独自一人。在这混乱的几个月中，某一天母亲开始与她未来的前夫进行交往。我想，我们都以为这混乱的一切即将结束，但没有想到的是，仍然有大量的问题需要解决。

当你离开普利斯考特、前往你和你的女朋友同居的地方时，仿佛为你离开后留下的空缺所召唤，我未来的前继父会趾高气扬地走进主卧

室，他的袜子、衣服和杂物如魔法般地出现在刚腾空的衣柜最上方的抽屉里。而当你回到家中，像父亲和丈夫一样重新占领你的地盘时，他就会自动消失，或者至少战略性地退至客房，清空装袜子的抽屉，给你放置衣物。

　　你遗传了你的父亲对美国土著珠宝的热爱，我也从你那里遗传到了同样的热情。每次我设法找到人载我前往市区后，我便会在广场上的小摊之间流连忘返，纠缠着摊主，问他们各式各样的问题。我把从慷慨的祖父母那里、圣诞节和生日时得到的一点点钱全部攒起来，最终都花在了购买戒指和琉璃珠上，甚至有一次买下了一颗绿松石。

　　你回来的大多数时候都很冷漠，沉迷于失败的婚姻、刚刚萌芽的作家生涯尤其是你的爱情生活之中。所以我很疑惑，你是什么时候——其实就是1971年的圣诞节，也就是你最后一次占领袜子抽屉的那段时间——对我的计划开始感兴趣的。当你建议我们两个一起做点事情时，我刚买下一串银色的珠子，打算把它们串成不同的花样。于是，我们立即出门，你买下了一条被精致打磨过的圆形绿松石珠项链。回家后，我们用你那条项链上的绿松石珠和我的银色珠子制作成了两条稍短一些的、完全相同的项链，一条给你，一条给我。

　　然后你又一次离开了，这次是永远地离开了这个家。

　　但我紧握着那条项链。无论白天还是黑夜，我都戴着它。我戴着这条项链去上学、睡觉甚至洗澡。我从来不摘下它。随着时间的流逝，绿松石变得黯淡，在我的汗水的浸透下发光。有一天，当我在房屋的前门外时，这条项链突然断了。它滑进我的衬衣，掉落在石板门廊间，珠子散落各处。之后的五天里，我花了大量时间搜寻这些珠子，但最终还是有一颗没有找到。

直到今天，我还保留着那条项链。我把它放在床边的桌子上，当我写这些的时候，我能看到它，看到项链上紧邻钩扣的珠子比旁边的珠子略小一些，那是因为有一颗珠子丢失了。

这条项链很美丽，但这并不是我戴它的原因。它象征着你我之间的联系，这才使得它如此珍贵。你最后离开的前夕，也是"袜子抽屉"时期令人抑郁的终结，整整半天，你的注意力都在我身上（这在之前是不可能发生的事）。你买了我觊觎已久但无力负担的绿松石。我们一起设计、制作了项链。当你最后一次走出这个大门时，我能看见那条银色和绿色相间的项链在你的衣领上闪闪发光，你正戴着我们共同项链的另一半。

不知为何，这条项链在我的脑海里象征着一个心照不宣的承诺。尽管你离去之后我被困在这里，如沉船一般留在这个冰冷的房屋中；尽管最后我明白了，你不会接我走，但我仍然日日夜夜都戴着那条项链，挑衅般地将它戴在我的脖子上，仿佛一个魔法凭证，向整个世界证明，总有一天——尽管表面看来完全相反——你会回来救赎我。

第十七章 独自一人

世上唯一的痛苦，就是独自一人。

——加布里埃尔·马赛尔

山姆： 我抛弃了家庭之后，经历了从爱之盛夏到不满之冬的转变。离开普利斯考特后，我短暂地搬回了德尔玛市，和她在那里断断续续地住了一段时间。1973年的冬天，我搬到了她居住的旧金山，又与她断断续续地生活了一段时间。当她离开我之后（竟然是为了一个还未曾发表过作品的诗人），我知道我需要从过去生活的碎片中找到解决问题的方法，从而创建一种全新的生活。

但这并不容易。之后的两年中，我就像一只折断翅膀的鸟儿，栖息在位于电报山山顶上的空旷的公寓里，被各种各样奇怪的家具围绕，在孤独的灯塔上俯瞰黑暗的海湾和泛美金字塔上的灯光。我独自一人，倍感孤独。没有事情可做，没有工作，没有家庭，没有爱人，在这个城市里也没有朋友。就像一位处于零重力场的宇航员，没有可以推动的支撑点。

我尝试做一位远距离的父亲。我经常给你们打电话，带你和利尔到旧金山度过学校的假期。每次来的时候，利尔都非常开心，而你却总是闷闷不乐。每天晚上我们都一起吃饭，然后去沙滩上散步。但是想在旧金山北滩的公寓里模拟家庭生活是一件非常尴尬的事情。每一次我送你到机场，看着你登上飞机时，我的心都碎了。痛苦混杂着讽刺，只有当失去你的时候我才发现，我有多么爱你。这是第一次，我不想再追求我的事业，我想要你和我一起生活。

有一天，当我开车经过里士满时，我看到一块全尺寸的广告板上写着："家庭的失败没有任何东西可以弥补。"我瞬间醒悟了。我知道，我必须要买一栋房子，为你、我和利尔建立新的家庭。

接下来的一周里发生了一件非常偶然的事情。我在一家咖啡厅恰好碰到了熟人，他开始向我描述缪尔沙滩附近的小区有多棒。那听起来的确是我可能会居住的地方——位于海边，占地不大，被起伏的山丘所包围。

第二天，在里雅斯特咖啡厅用过咖啡后，我来到缪尔沙滩的小区探索，并且很快就发现自己已经站在了日落大道上最朴实的房屋门前。日落大道是两条尽头是死胡同的道路之一，这两条街道与缪尔海滩一起形成了新月的形状。这栋房屋既笨拙又庞大，前院六英尺高的野草里插着"出售"的牌子。

我开车至索萨利托，找到了房屋的经纪人。他告诉我，这栋房屋的主人正在西班牙的某个地方，并且短时间内不会回来。他还暗示我，有一个安装着铁门、铁窗还有弹孔的房间可能曾用于藏匿一大批毒品。屋主的离开是由于这宗毒品交易出了问题，很可能是关乎人命的资金流动问题。

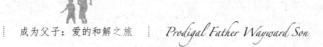
　　带着一丝可能成功的希望，我提供了报价。两天后房屋经纪人联系了我。很明显，屋主已经返回美国并且急需用钱！如果我那天能凑齐一万美元，屋主就可以免掉我报价中其余的钱。那天下午，在没有任何银行、律师和借贷公司的帮助下，我成了这栋房屋的主人——仿佛一条被冲上岸的大白鲸，没有退路。

　　这对我们所有人来说，都是新生活的开始。

第十八章 缪尔海滩

爱的首要任务就是倾听。

——保罗·田立克

吉福德：当你在缪尔海滩买下房子的时候，那个在普利斯考特时乖戾的、心理失调的男孩已经成长为一个完全不受欢迎的青少年。那时我住在博尔德，染上了吸毒的恶习，经常在深夜里被警察送回家，后来又从高中退了学。与母亲的冲突也变得越来越严重，她也不知道该拿我怎么办。

于是，在1976年的秋天，我高中三年级刚开始的时候，我来到了缪尔海滩，与你、你的新婚妻子和我的姐姐利尔住在一起。利尔在一年前就已经搬过来了。我仍然不知道你是怎样做出让我搬来缪尔海滩的决定的，但是对我来说，与你一起生活并不是我自愿的选择，我的内心充满矛盾。在博尔德的生活虽然很艰难，但被迫离开我的朋友们（虽然他们声名狼藉）和我的学校（虽然被看不起），被送到你这里进行改造，仍然是我痛苦的心理创伤。母亲终于发现了对付我更好的方法，而我怀着满心

的怨恨来到这里，准备进行一场战斗。

　　而你用深思熟虑后的冷漠消除了我的怨气。我的反叛面对的是我未曾预料到的不被关注，使我觉得自己好像有点儿傻。像对待一只受伤的小鸟一样，你用友善、令人惊讶的同情和适当的尊重来接待我。为了迎接我的到来，你在房屋的后面新建了一个有着独立入口的房间。你告诉我，我在这里所做的一切都是我自己的事情。我可以在屋子里抽大麻，也可以从早到晚听音乐。

　　你用你的方式让我感到，我是受欢迎的，这里是我真正的家。这一切让我感到极其意外，我的内心充满谨慎的感激，但同时也充满深切的怀疑。

　　但是无论怎样，我还是回到了加利福尼亚。我们的房屋离大海只有两分钟的路程。缪尔海滩周围是连绵几英里的山丘和茂密的红木林，又高又深的草岭中生活着鹿、狐狸、山猫，有时甚至还能看到美洲狮。我很快地融入了学校的生活，结识了一群密友——直到今天我还记得他们。他们都抽大麻，但不像我那些博尔德的朋友在嗑药之后会做一些看电视、讨论豪车等类似的事情，我和加利福尼亚的朋友们在嗑药之后会跑进缪尔森林，爬上高大的红杉树，或者在某个月黑风高之夜剪断塔马尔帕斯山州立公园大门的锁，开着车在防火林道上驰骋，为了防止公园管理员发现我们，我们连车前灯都不开。

　　我剪掉了我的长发，开始赤脚在山丘的草地上奔跑。学校离家有六英里远，要经过一条崎岖多风的山路，我开始每周五天都骑车上学。我也经常洗澡，生平第一次我有了健康的体形。

鉴于你对大麻宽容的态度和周围有许多适合远足的好地方，我们的房子成了青少年向往之所。你允许我和朋友们在房屋里自由玩耍，也鼓励我向他们展示我的热情好客。不止一次，当五个嗑药的男孩子像蝗虫过境一般冲进厨房清空冰箱和橱柜、掠夺他们所能看到的一切食物时，我的继母都会为此大发雷霆，但你总是站在我这边支持我。

如果这段日子能成为记忆中最美好的时光那该有多好，但是我们积习难改。尽管我的新生活自在安逸，但我们之间曾经的交流模式依然根深蒂固。我们在许多小事情上互相指责，冲突持续发生。我们一如既往地在有关家务的问题上争执最多。这种争吵几乎成为一种历史悠久的传统，每次的步骤都完全相同，以至于形成了一种条件反射。你想让我做家务，我拒绝，你继续坚持，于是我假装同意但做得很糟糕，你非常生气并且贬低我。

我们之间的一次剧烈冲突发生在某天晚上的水槽前。水槽里堆满了脏碗，你要求我把它们洗干净。

“如果我不洗你会怎样？”我问你。

这是我和母亲间的标准对话。如果我不做她想让我做的事情，她就会以剥夺我的某些特权来威胁我，我们的对话到此便不得不结束。令我很意外的是，你的回答竟然是这样的：“没有什么‘如果’，因为你必须洗碗。因为你洗碗是正确的事情——你现在是家庭的一份子，只有你做家务才是正确的事。”

然后你就迈着重重的脚步离开了，让我没有办法继续反驳你。我想要忽略你那些令我有负罪感的废话，但那晚我做不到。有些事变得完全不同。首先，你以公正而不是权威来说服我。如果你还是跟我说什么"只要你住在我的屋子里你就必须……"这样的话，我会故意把事情做得特别糟糕，然后退回我的丛林中，磨砺我的长矛，准备下一次与你的斗争。

尽管你对我仍然不够好（叛逆是我根深蒂固的性格，是我最重要的特质），但你向我展示了你真诚的尊重，你竭尽全力地适应甚至鼓励我那些在过去的四年中被母亲千方百计阻止的行为。

所以，尽管内心有些受伤，那晚我还是洗干净了所有的碗，并且在那之后的两年中，每晚都负责洗碗。我也想自愿地、没有抱怨地做这件事，但我还是会偷懒，这是我无法改变的陋习。但是，有一些事情从那晚起发生了根本的改变。我看到了你的公正，因为你愿意尊重我想要成为怎样的人。我们依然会争吵，对彼此充满怒气，但我们很快就和好了，不会记恨在心。

五年了，你和母亲离婚后，我经历了许多艰难坎坷，但最终，你兑现了那个项链的诺言。

第三部分
人生的仪式

Prodigal

Father

Wayward

Son

成为父子: 爱的和解之旅

成长为一个男人，
要经过选择冒险、
承担风险、
直面恐惧和实现梦想的过程。

第十九章 挑战探索

那些不能杀死我们的，使我们更强大。

——弗里德里希·威廉·尼采

吉福德：1974年6月6日，当时我仍住在博尔德，还有两天就是我的十四岁生日了。母亲带我到了科罗拉多州维斯塔附近的一个地方，我只有一包衣服、一把闪亮的瑞士军刀和内心深处不祥的预感。我的年龄达到了夏令营的要求，于是你给我报名参加了一个叫作"挑战探索"的野外远足活动，为期一个月，专门面向十四岁到十八岁的孩子。我加入后意识到的第一件事就是，我不仅在全队中年龄最小，而且个头也最小。我的体重不足七十磅，而其他大多数孩子的体重是我的两倍甚至更多。

母亲离开后，组织者给我发了一个睡袋、一些冷冻干燥的食品和一个双肩包，要求我收拾行李。当我把所有东西都塞进那个巨大的橙色背包里，尝试背起来的时候，我发现这玩意真的太沉了。我把它放下，然后把所有东西都拿了出来。我不相信我装的东西竟然这么沉，也不能想象我还能背着它爬山。我的背包可能只有四十磅，但这个重量仍然超过

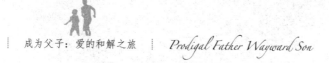

了我的体重的一半。我体质很差，也完全没有运动员的潜质。

雪上加霜的是，你好心却做了坏事，你特意给了我一盒老虎牌牛奶棒，告诉我要把它们藏到包里，在我真正需要的时候吃一根。毫无疑问，你是出于好意，但如果我有上帝给予驴子的智慧，我应该在第一天就把那些东西扔掉，以减轻五磅的重量。相反，我不折不扣地执行了你的指令。结果，在我的难兄难弟们终于决定偷偷吃掉这些东西并把脏兮兮、黏糊糊的包装纸扔到我的睡袋里来帮助我减轻负重时，我已经背着这个重量的东西越过落基山脉的分水岭三到四次——我提前告诉了你故事的结局。

那是一个午后，我们从登山口出发。几乎一开始我就被落在了后面，于是两个领队中必须有一个陪着我。他不停地责备我，想让我走得更快一些。快？才不呢。我怎么可能背着这样的庞然大物爬上这座该死的山。我的肺在燃烧，我的腿软得就像面条，我感觉自己肯定会吐。我必须每隔十五分钟就停下来。终于，我挣扎着沿着小道逃出了高山树林。

然后，开始下雪了。

我穿的是特地为这次旅行准备的羊毛裤和内衣（那些良好布料还未面世），我汗流浃背，浑身臭得像一只死羊。有一次，我独自走在山脊边缘，狂风卷着雪花扑面而来。我筋疲力尽，不得不躺在小路边，背包都懒得解下，任由大雪尽情地覆盖我。但是几分钟后，一个领队出现在我身边，把我的睡袋捆在他的背包上，说了一些不那么鼓舞人心的话（大意是我应该挪挪我那懒惰的屁股，不要胡闹了，如果想要吃晚饭的话，就要爬到那可恶的山顶），然后迅速地消失在风雪中。

　　我并没有感到我的负重减轻了，但最终我还是成功地到达了营地。我丢下背包，吃了一些牛肉干，就倒在了由降落伞绳和薄塑料板搭成的临时帐篷里的床上。

　　当我早上被摇醒时，积雪已经有一英尺深，我还产生了严重的高原反应。我感到恶心极了，无法进食，感觉好像有人将金属楔子插进了我的头骨。最糟糕的是，我极度倦怠，四肢无力，完全不想动弹。在我的人生中，从来没有像今天早晨这么难受过。

　　但我必须要走。十几个小伙伴和一男一女两个领队已经起床了，正围成一圈吃早餐，准备出发。我依旧无法进食，只好努力折叠我的睡袋，整理好背包。我们刚起程，我就走得非常缓慢。天气很寒冷，每个人都是一脸的不高兴，因为我拖慢了进度，大家都在抱怨。

　　强壮的孩子开始走到了更前面，整个团队变得分散了。于是领队把我放在队列的最前方，以便没有人掉队。我们拖着沉重的步伐，行走在及膝深的雪地中，沿着前一天我们爬过山脊的另一边前行。我们跟着另外一组人的脚印走，他们创造了更好的时间纪录。整个团队在我的后面聚成一团，他们暗地里说，我完全是蜗牛的步伐。

　　不知怎的，团队在我的带领下偏离了小路。当我们发现这个错误时，那个女领队极度轻蔑地问我，怎么能在雪地里跟丢那些脚印。领队们搜索四周找到了那条小路，然后让团队按照他们自己的速度沿着山脊走到下面的山谷。而我被留下，与女领队一起在后面慢慢地跟着，她的沉默，就像是无声的鄙视与抗议，像海浪一样反复冲击着我。终于，我们来到了靠近溪流的一座宽阔的山谷，在那里，已有几个也不太适应的孩子等着我们一起前进。我们下降了足够的海拔高度之后，我感觉好些了，并且狼吞虎咽地吃起了东西。我永远不会忘记那顿午餐——格里牌的花生酱和蜂蜜，从罐子里挤到博尔顿牌的饼干上，那是一种比较硬的压缩饼干。现在看来那可能是单调乏味的午餐，但对当时的我来说，却非常美味。

午餐后，我努力保持着步伐，跟上队里的其他人，甚至超过了一些走得慢的小伙伴。但伤害已经造成了，第二天晚上，当大家围绕在篝火旁，一些刻薄的孩子开始称我为"混蛋福德"，这个绰号预示着即将到来的残酷。我们又走了一天，然后乘坐卡车到达了一片露营地。我们将在那里停留一周，学习如何爬山。

在我们进行徒步旅行的时间里，领队和我们住在一起，他们的存在约束着其他孩子的行为。但是在我们学习爬山的那一周，他们却把帐篷移到了河的另一边，让我们自己管理自己。这使我不幸地任由其他人摆布。

这其中有一个男孩经常恐吓我，我称呼他为吉姆。据说他曾经对强奸他女友的人开枪，然后被德克萨斯州的法院送进了监狱。他十七岁，身材魁梧，喜欢抓住我的衣领把我提到他面前，靠近我的脸告诉我，他要用我的内衣把我吊在树上。"我们在德克萨斯就这样处理你这种人。"他嘲笑到。我生活在他不断带来的恐惧之中，而荒谬的是，我最害怕他有可能发现我根本没有穿内衣。

我养成了独自吃饭的习惯，避免在领队离开的时间里出现在其他人面前，我找到一个隐蔽的地方独自度过每个夜晚，远离营火。

很奇怪的是，白天的时候我开始寻求到了平静和安宁。我在营地里学习爬山攀登，知道了我的问题所在。我学会了系绳结，我的体重在岩石上反而是一种优势。这一周结束的时候，我是团队里几个优秀的登山者之一。遗憾的是，这并没有使我获得尊重，反而增加了大家对我的敌意。

学习完爬山攀登之后，接下来的一周是皮划艇漂流。开始的几天比较枯燥乏味，仅仅在缓慢蜿蜒的溪流上练习。但在这一周的最后几天，我们去的河流越来越宽，最终我们来到了一些湍急的河流。同样，我的小身板并不是劣势，皮划艇漂流使我非常愉快。

我的徒步旅行期间的经历，很难用成功或失败来形容。背包徒步旅行是绝对的悲剧，这也许是我人生中最艰难的体力活。而某些小孩子是我人生中见过的最肮脏的小混蛋们。然而渐渐地，高山的美景以它独特的方式深入我的内心，给我带来以前从未感受过的山野的快乐。

情况开始好转是在皮划艇漂流结束后，我们乘坐大巴到达一处野营地，开始准备为期十一天的徒步旅行。下午晚些时候，当我们正在打包行李，为第二天一早的离开做准备时，吉姆走过来，站在了我的面前。他手里拿着一圈两英尺长的跳伞绳。

他说："你知道我要拿这个做什么吗？你这个小同性恋？"丑恶的笑容出现在他脸上。

我那时很累，很害怕即将到来的远足。我的体形又一次使我处于绝对的劣势，我几乎已经听到小伙伴们对我缓慢步伐的嘲笑。他们一直都在残忍地逼迫我，我一点儿也不在乎。

"你可以干脆就把我勒死。"我回答到。

他之前从未得到过这样的答案，于是他生气地用绳索勒住我的脖子，并且开始用力。我直直地盯着他的双眼，直到我的视野里一片黑暗。我感到我的身体在向后倒下，身后是两个十八岁的孩子。

"天啊，混蛋福德，你这个白痴。"其中一个人拍着我的脸说。

"这个怪人。"另一个人这样说到。

但我没有理睬他们。我起身又一次站在吉姆身前，一言不发，什么也不做，只是盯着他。

"你这个怪胎。"他嘟囔着，第一次转移了视线，慢慢走向打包行李的地方。

这并不是好莱坞式的胜利，除非我能把他打个半死。但这对我来说是非常有意义的。

接下来的一周半简直要把我累垮了，情况比我想象得还要糟糕。前五天的地势相对平缓，难度不高，但接下来我们就进入了高原区，在海拔一万一千英尺的地方露营，不停地穿越落基山脉的分水岭。跨越林线之后，广袤的高原上就再也没有小路了。我们时而穿越沙砾之地，时而在刀锋一般的山脊上保持平衡，两侧都是陡峭的悬崖。我们行走了一万三千英里之后，空气变得稀薄，地势更为险峻，这时，一件不可思议的事情发生了。突然间，我发现自己正处于队伍中游的位置，甚至靠近了队伍的上游。我离最快的人还很远，但我不再是最慢的那一个了。

我的灾星吉姆是个老烟枪，他带了一箱香烟，每天都要抽一整包。

一天晚上九点，我们在海拔一万两千米的山脊上露营时，奇迹发生了。坚硬、寒冷、大风吹过的营地高高地位于整个世界的上方，我们的帆布帐篷搭在一块直落两千英尺、几乎垂直于湖面的嶙峋山脊下，吉姆先是呼吸沉重，然后开始大声喘气，最后演变为剧烈的干咳。

半夜，他的病情发展为典型的肺水肿。在一番担忧的交谈之后，两个领队决定把吉姆送到低海拔的地方。当清晨的第一缕阳光出现时，男领队和吉姆用一条绳子相互系在一起，开始穿越一片狭长而陡峭的雪原，前往下面的山谷。女领队和剩下的队员们一起继续前行。就这样，那个混蛋离开了。我觉得那时候其他的小孩子们已经开始为他们当初对待我的行为而感到羞愧。少了吉姆在一旁起哄，他们没有再来打扰我。

我们沿着高山山脊走了一整天，在碎石坡间穿行，呼吸困难，时不时就停下休息。午后，我们离开了长满草的冻原，走出了岩石和冰雪的世界，进入了原始的罗斯巴德峡谷，碧蓝色的高山湖深不见底，静静的湖面清晰地倒映着远处的群山。

扎营后，我独自一人在山谷中漫步，沿着湖岸走了半圈，远离了团队，来到一块耸立的、旁边长着一棵枞树的岩石旁。我在那里坐了很久，望着群山、碧水还有冲下悬崖的冰冷瀑布，听着水流撞击岩石、微风吹入树林以及我的心脏安静跳动的声音。我的心中充满喜悦。高山的壮丽震撼了我的身心。

这是我人生中最美好的时刻之一。

黄昏将至，我的狂喜也渐渐消退，就像一个必需的环节，我猛然间想通了。在这里，高山之间，我获得了前所未有的平静。但这也是我曾经痛苦不堪的地方。几天之前，我还在盼望自己能死掉。山没有变化，悲伤或喜悦，皆存于我心。也许现在看来，一切都显而易见，但对当时的我来说，却是一个伟大的发现。这个认知的种子在我心中渐渐发芽，让我明白，除了我自己，没有人能使我悲伤、生气、羞愧，甚至是快乐。这些选择，这些感受，只属于我自己。它们在我心中，不受外界环境的影响。

回到博尔德后，我总有种奇怪的感觉。一切都没变，但我的感受却明显不一样了。我花了几周的时间才明白，从这趟旅行中的某一时刻开始，我拒绝再成为受害者。我甚至不知道这到底是在什么时候发生的。是在罗斯巴德峡谷中那个美妙的夜晚，我第一次被群山的壮丽所感动的时候？是在吉姆把我勒得差点儿失去意识，然后我奋起反抗的时候？是我背着沉重的背包走在高海拔的那条漫长折磨的小路上的时候？是我们在几乎垂直的岩石表面扎营，下面就是深深的谷底，内心充满冒险刺激的时候？是我在皮划艇上用船桨使劲划水，以我最快的速度冲向轰鸣的激流的时候？是在我无法进食的孤独的那三天的时候？是所有经历混合在一起的时候？直到现在，我也不知道答案。

但是，再也没有人能欺负我了。

第二十章 心灵深处

勇者并非没有畏惧心理的人，而是克服畏惧心理的人。

——纳尔逊·曼德拉

山姆：我们的潜水船被拴在非洲皇后号的一块一百二十英尺长的遗骸上。它在圣诞之夜搁浅在了马里兰州海岸的芬威克岛浅滩上。沉船残骸随着海水上下浮动，边缘粗糙，好像一把巨大剪刀的刀刃锯齿，如果海浪把我们的船推向它，它就会将我们撕裂。

吉福德·华纳是传说中的打捞高手，他声称这艘沉船此时被它的主人在法律上正式遗弃了，因为它的主人害怕承担油箱泄漏污染海滩所带来的责任。我和我的哥哥在海洋城码头遇见了正在寻求潜水帮手的吉福德·华纳。他希望找人帮他堵住那些漏洞，封闭几个船舱空间，然后注入一些空气，让这艘"女王号"浮上海面，重见天日，这样他便可以把这部分遗骸带回码头，与之前被打捞上的另一大部分遗骸重新拼在一起。我们立即被这个读着《纽约时报》、通晓现代文学的大胡子船长吸引了，随即和他签下了一天五十美元酬劳的合同。

这是6月初一个平静傍晚的六点钟。我已经在水中待了大半天，一直在堵船体的漏洞，布置软管，这些软管可以把空气抽进狭窄的密封舱和吉福德戴着的全脸面罩里，因为吉福德带着假牙，所以他不能使用普通的嘴含式潜水装备。在我第一次工作的这个特殊日子里，我的哥哥劳伦斯并没有和我们在一起，所以我是唯一的潜水员。在海底反射的微光下工作多个小时之后，巨大的压力把我累得要死。我从潜水服中挣扎而出，躺在甲板上，感受着来自压缩机的热气帮我恢复到最佳状态。这个时候，吉福德已经穿上了所有的装备，准备从打开的货舱门进入船舱之中，而我很快地睡着了。当一个小时后我醒来时，我惊异地发现，吉福德还在沉船里，气泡从他在沉船上打出的洞中不断冒出。直到七点三十分，气泡冒出的方式没有任何变化。他没有移动。是不是发生了什么事？他是不是受伤了，死了，或者是被卡在了某个狭窄的地方无法移动？

我面临着各种各样的麻烦：压缩机中的燃料已经很少，我也不知道那些五加仑的罐子中哪些是汽油哪些是柴油；暴风雨正向船只所在的地方袭来，这艘船可是这个区域内最高的避雷针；我距离海岸十二英里，在一个六英尺的船内，不知道可以往哪里跑；我没有水下灯，只有一些还没有装满的氧气罐。

我开始出汗了，决定制订一个应对灾难的计划。我发现了一个手电筒，把它包裹上很多层透明的防水塑料膜。我检查了所有的氧气罐，找到氧气含量最高的一个安上调节器，还发现了吉福德在紧急情况下使用的一个潜水面具。

直到这个时候，我还从来没有去过沉船里面，所以我不知道在哪里可以找到吉福德，无论他是否受伤，活着还是死了。我的计划是在水下走廊中寻着水泡消失的踪迹，希望它们能带我找到吉福德。我强压住恐慌，穿上潜水服、脚蹼和水中呼吸器，摇摇摆摆地爬上梯子。我停顿了一下，飞快地想了下是否可能有一些其他办法帮我躲过这次残酷的考验，然后深吸一口气，一条腿越过栏杆，另一条腿迈上了潜水梯。当我低下头望着这个我能想象出的毫无希望的最黑暗的深夜时，我突然看到一个微弱的灯光从深处照来。吉福德从海底回来了！没错，是他！这个世界上果然有上帝！

后来，我们回到船上，脱了潜水服，换上了一些御寒的衣服，煮了些热咖啡，我问他："你究竟在那里干什么干了两个半小时？你的气泡不断从一个位置冒出来，我想你很可能已经死了。"

吉福德笑了，插了支骆驼烟到他的长过滤烟嘴里，"我没有什么危险。我找到了一个充满空气的水下房间，于是我摘下了呼吸管绑在栏杆上。然后我就开始堵小的漏洞。我想我只是忘记了时间。"

相比于吉福德那些正常的工作程序，我的经历完全不算什么。他向我解释，他经常来到沉船独自作业。所有业余潜水员使用的伙伴机制对专业打捞潜水员来说并不实用，因为它需要两个人长时间留在水下，但实际上却只有一个人的工作量。

我们从沉船区域直接返回海洋城的住处期间，我不停地出了三个小时的汗。

几天后，我们回到了沉船，计划安上几扇吉福德自己做的木门，制成一些封闭空间，希望利用这些封闭空间使"女王号"重新浮上水面。有了之前的经历，这一次我很放松，不再像新手那样紧张。吉福德让我带一根通气软管下来，把它穿过船体上的洞，这样吉福德可以从里面拿到软管。这时候，沉船已经陷入海底沙地很深了，我不得不下到海底窄沟中。不知怎的，在这个过程中，或许我看到了一个真实的或者是我想象中的鲨鱼轮廓，我手一抖没拿住那个价值五百美元的软管，它迅速地消失在了黑暗的深渊里。我回到船上，感到十分尴尬。

"不用担心。"吉福德平静包容地说，"我们先吃个午饭，喝杯咖啡。"

这是他最后一次提到软管。（向大家报告一个好消息，一个星期后我发现了丢失的软管。）

最重要的工作在下午开始了。木门需要在狭窄的水下通道里被拉起来。我们把第一扇木门推下水，然后穿过大型货舱。吉福德走在前面，在狭长的通道深处用绳子将门拉到既定位置，我负责从后面推。进入狭窄的通道时，我们之间的距离还不到二十英寸，但我严重的幽闭恐惧症发作了。好像有堵墙压在我的身上，我每走一步黑暗都愈发深沉。我无法强迫自己继续前进。在我好像瘫痪了数分钟之后，我转身走向货舱和开阔的天空。当我站在即将解脱的边缘时，一股愤怒在我内心深处腾起，我发现自己说："不，混蛋，我不会逃跑。我不会让恐惧击败我。"说完，我调转方向继续向走廊前进。没想到，我的恐惧逐渐溶解在了黑暗中，我还注意到，有足够的光线从细小的裂缝中流出，让我能够看清事物。

吉福德一定发觉了有什么不对，因为当我刚到达木门后的任务地点时，他就冲了过来，水中的他就像一个长着大胡子的半神，带着水泡隐隐的光辉。他脸上闪过一丝会心的微笑，对我来说就像是赐福。我笑了起来，以至于水涌入我的面具，我不得不吐气清除它。

就在这一刻，我决定，如果我和希瑟正期待的孩子是个男孩，我们就叫他吉福德——一个代表着勇敢、善良、喜欢冒险的男人的名字。

第二十一章 神圣

你心中神圣的地方，正是你能不断发现自我的所在。

——约瑟夫·坎贝尔

吉福德: 你我第一次，也是唯一一次共同体验迷幻蘑菇，是我们在华盛顿州农场时的一个晴朗夏日的清晨，那时我刚满十五岁。上午九点，天气还不算炎热，拂过的微风略带凉意，我们一起坐在房前的草地上，新的一天拉开了帷幕。

你从口袋里拿出一个卷起的乳白色塑料包装袋，小心地展开，露出里面几只小小的、棕色的、风干的迷幻蘑菇。我们各取了一点，却又停住了，手里拿着迷幻蘑菇干瘪的伞帽和串珠状的茎，彼此对望了一眼，我们究竟是在做什么。

然后你冲我咧嘴笑了。"尝尝看，味道不错。"你示意我嚼一嚼。

我照做了。

这些风干的蘑菇有着皮质的口感和黑暗泥土的味道，即使我用力地咀嚼，努力地吞咽，并且不停地用水漱口，它们仍在我的牙缝中留下了深深的"污垢"。

十五分钟之后，蘑菇开始发挥作用了。

那时我们已经移动到了屋后，坐在溪水旁的草地上。我望着眼前潺潺流过草丛的溪水，缓缓地注入一边静谧的湖水当中。紧接着，湖水忽然开始闪起了光芒，微风把阳光送入湖水之中，一个月牙形的波纹在湖面中央浮现。风儿飞快地在白杨树林间穿梭，白色的树冠在风中挥舞着，而那些新绿的心形嫩叶也随之轻微颤动着。我的身体不自觉地陷入这一片柔软的草地，温热的风轻轻吹拂着我的肌肤，正如我那从未真实存在过的恋人一般。

我竟然可以看到比尘埃还要小的东西，我甚至看到了空气当中分子的碰撞。每一枚松针，每一片白杨的树叶，每一根枯黄却依旧挺立的草，都因为这只魔幻蘑菇的力量而变得清晰无比。我甚至不能相信，我就生活在这样一片美丽的环境里，但是我自己却未曾发觉过。

我的脸上不自觉地浮现出了笑容。

"哇！"我情不自禁地赞叹到。

我看着你，你的脸上浮现出笑容，眼睛也因为这蘑菇的力量和白日的阳光变得愈发明亮起来。

"你想在周围走走吗？"你笑着看着我。

"当然。"我回答道，"但在这之前，让我们先去那个湖里游泳。"

我们脱下衣服，慢慢走进湖里。及大腿深的山泉水冰凉，温度还不到四十华氏度。我躺在布满沙子的水底，将头向后仰，全部浸入了湖水之中。寒冷像一只无形的大手，使劲抓紧我，让我的骨头生疼。我猛然

又跳出湖水回到草地上，皮肤忽冷忽热，仿佛同时处于冰火之中。我们便如此赤裸地躺在草地上，让温暖的阳光渐渐擦干我们的身体。随后，我们重新穿戴好衣物，开始在周围漫步。

沿着堤坝的泄洪道，我们穿过一道铁丝门，走进了牧场，此时的我四肢松软，似乎像是刚遭受过电击一般，胃里一股毫无预期的恶心感汹涌而出。翻过牧场中的小山丘，也就是五年后我自己建造小木屋的地方，我们爬上了一座不高但很陡峭的小山，山坡被树木所覆盖。山顶有一片树木稀疏的地方，我们停下来稍作休息。

麦克法兰河在我们的脚下如丝带般蜿蜒远去，一条灿烂的绿色色带散布在枯树和黄松林点缀的山间，一直曼延到米索河边。我们可以看到那河边的牧场小屋、谷仓、副屋以及那一大片草地、种植园和苹果园。忽然间，我的归属感油然而生。

"我们也属于这里，不是吗？"我转向你，问道，"我是说，人类属于这个世界。"

这是我思想的一个巨大转折。很多年来，每当我看到那些高压电线、建筑工地，看到那些道路、停车场以及所有人类创造的废墟，我都觉得自己像是入侵者、病毒或是枯萎病源。但是在这里，我看着那个小小的农场，第一次感受到我的生命和这个世界的连接。我属于这个世界。我赤脚踩入干燥柔软的泥土中，感觉我的脚趾触及了地球的中心。

你对我笑了笑，拉过我的手，并将我领到一棵骄傲地站在山顶边缘的黄松树下。

"儿子，这是我们的土地。"你对我说，"我死后，我希望你可以将我埋在这棵树下，这样我的灵魂就可以在这里远眺农场和山谷。你说得没错，我们属于这里。"

那天，我们走了很久，每走一步都好似踏入一个奇幻的世界。我们沿着林间的防火路走向米尔斯平原，但前进了半英里后，我们转而走上了怪石嶙峋的山脊。我们一路欢声笑语，时不时停下来，欣赏路边的野花，仰望黑色的乌鸦在蔚蓝的天空中围成一个圆圈。终于，我们来到山石突兀重叠的山顶，我后来才知道，这个地方被称为龙穴。

我们似乎可以永远站在这里眺望美景。北卡斯加德山脉高耸的山峰构成了整个世界的西部边缘。在渺小的麦克法兰河更远的地方，我们可以顺着米索河看到雄伟的哥伦比亚山脉，这条宽阔的、光滑的、在阳光下如钢水般闪亮的河流，伴随着缤纷的绿色，在起伏的土黄色山丘间蜿蜒远去。

背靠着温暖的岩石，我们坐在一条铺满针叶的长椅上分享苹果，那种清新的味道让我们都情不自禁地高兴起来。

我们在那里坐了很久，聊天，然后安静地闭着眼睛，听着风儿轻轻吹动着，感受太阳逐渐西垂。

我们从未如此亲近过。

我们在傍晚时分回到了农场，身体疲惫，此前高昂的情绪开始回落。眼前炫目的色彩逐渐褪去，世界中那些水晶般的细节开始模糊，我们的思维逐渐变得迟钝。我们顺着小路往回走了两英里左右，到河边游泳，在一整天的炎热之后，那冰凉的湖水真是一种享受。我们洗去身上的尘埃，感觉自己焕然一新，然后回家共进晚餐。之后我便沉沉睡去。

次日清晨，我觉得浑身十分沉重，前一天无尽的精力被酸痛的肌肉所取代，斑斓通透的色彩褪为正常的棕色和绿色，敏捷多变的思绪现在也变得迟钝和麻痹起来，仿佛终于从外星球坠落，然后牢牢地固定在了地球表面。

然而，忽略迷幻状态的消失所带来的不适，我依旧记得那美妙的归属感，渺小的自己是这个世界的一部分。我终于感受到与你的紧密联系。我们在那一天结成的羁绊，永远不会再被完全破坏。

尽管与我之后的体验相比，这次并不算什么，但是我与你分享蘑菇的那一天，是我生命当中最深入内心的经历之一。

那时我十五岁，易怒、刻薄、充满仇恨，并且确信自己知道所有的事情。我早就认为，生活毫无意义且充满痛苦，没有荣耀、愉悦、真理或是美丽。周围的人都很糟糕，尤其是我自己。很早之前，我就失去了基督教的信仰；而在我离婚之后，当我看着母亲追随一个又一个新纪元运动的大师，我开始对灵性产生愤恨。我感觉孤立无援，与自己、家人和世界都断绝了联系。

但是，这些小小的迷幻蘑菇敲开了我的心扉，让我对神圣有了更为理智的认知。尽管我不能时常看见那奇幻的景象，但我记得那种感觉，我知道这个世界充满了无法想象的美丽，我等待超越个人的感知后一次又一次地冲击临界点。

那天与你一起手牵着手散步、在湖水中洗澡、站在山顶的高大松树旁，这些经历永远地改变了我的人生，并让我变得越来越好。那一天改变了我对这个世界的观感，在我心底种下了神奇的种子，并且从此开始生根发芽。

那一天对你我而言，也是一个重要的转折点。那天我们建立了紧密的连接：我们要一起冒险、互相信任和尊敬，我们也对大地、父亲和儿子之间神圣的关系有了更加深刻的认知。

第二十二章 初试疯狂

聚神、入世、出离。

——蒂莫西·利里

山姆： 20世纪60年代，每个人都被疯狂的祝福和天真的希望以不同方式冲击着，那也是嬉皮士、花儿的权利运动、反对越战、伍德斯托克、转变意识形态、反文化、鲍勃·迪伦、肯·克西和卡洛斯·卡斯塔尼达的时代。毒品、性和摇滚随处可见。

但是，当外面的世界愈发疯狂之时，长老会学院依然是温和主义的堡垒。我们教授可能会在有德比的周末喝上一杯冰镇薄荷酒，这已经是在酒神精神的带领下我们所能做的最大的冒险了。

我对新时代的一些传言十分感兴趣，但看起来我已经没有机会参与这项革命了。非常偶然地，我在派对上认识了一位大学生，他叫拉尔夫，他给我提供了"旅行的车票"——先尝试大麻，然后是致幻药。在幻觉王国中，事情就是发生得如此巧合。

周五晚上，正如约好的那样，他出现在了我的房门前。我们移动到门廊里，点燃了他制作的三根卷得紧紧的烟。我吸了一口又一口，等待着预期中的效果。但是什么都没有发生，只有蝉的叫声在天鹅丝绒般的黑夜中显得似乎比平日更为响亮。也许是烟草的质量太差，也许是我作为教授的自我意识难以被控制。

"不用担心。"拉尔夫向我保证，他有效果更强的致幻药，下周我们绝对能享受到。

第二周的周六，他来了。那是晚上九点，孩子们都已经安然入睡，我心里有些紧张。我认为致幻药的效果和几杯肯塔基的波本威士忌差不多。拉尔夫也向我保证，我可以在任何我想退出的时候服下镇静剂。

我完全错了！

我吞下了药片，感觉自己像爱丽丝一样，一头栽进了兔子洞，坠落在镜子的另一边。突然之间，一切都变得很陌生。世界天旋地转。我可以看见音乐，听见颜色。一切都充满希望和欲望。我进入了没有时间流逝的梦幻国度，在那里，我和桌上的一束玫瑰融为一体，与希瑟以及多诺万的歌声"他们叫我小黄人"融为一体。

一开始，这种融化又聚合的迷幻感给我带来纯粹的惊喜，我觉得自己沉浸在一个奇妙的世界里，每一个物体都有生命和意义。但是午夜过后，激情消退，我十分疲倦，想要重新返回我熟悉的自尊领域。我认为只需要一点动力和镇静剂，我很快就能重新做回自己。但我并没有成功，我越努力地尝试，我就越恐慌。我似乎被抓进意识的迷宫里，在没有线性时间概念的梦中世界里，疯狂的人注定要永远彷徨。

我就像是中了咒语，被驱逐至凄凉无尽的永恒之地，仍然饱受各种形态的恐惧的攻击，不知自己如何才能找到返回的路。我晃晃悠悠地回到卧室，然后神志就崩溃了。

最后，那些图像、感觉和奇怪的角色们终于被扔进了无底洞，我精疲力竭地睡着了。

之后的一年中，那些片段还会时不时地闪现在我的脑海中——我短暂地被恐惧所控制，迷失在精神分裂症中，无法逃脱自己心灵的迷宫。但是，在神学的学术圈中，我无法与别人分享我的发现以及我所经历的恐惧和美好。

我第二次体验致幻药是为了修补第一次并不完美的印象。我在哈佛时就认识了沃利·潘克，他最近正在斯普林格鲁夫州立医院负责一个有关致幻药使用的实验项目。当我告诉他我的闪回片段时，他解释说，这是由于我没有足够的时间来清除黑暗的恐惧，到达光明的另一面。他愿意成为我第二次体验之旅的向导。

斯普林格鲁夫州立医院的规定很严格。在四十五分钟的课程之后，我被领进医院的一间无菌室，拿到了三剂（装在原始山德士药剂瓶中的）致幻药。我还拿到了一个眼罩，要听从潘克医生的指挥戴上或是摘下。另外一位治疗师负责播放音乐，目的是通过音乐带领我体验死亡和重生。没过多久，我就坠入了在我第一次经历中体验过的恐怖迷宫。医生鼓励我放松，随着思绪前行，但很明显，我仍然无法到达自我意识的另一面。我建议，如果我能坐在花园中沐浴着阳光，也许就能通过镜像世界到达另一边。但这是不被允许的，我应该继续停留在自我意识的死亡地带，直至重获新生。

我不仅没有重生，反而感觉自己分裂成了三个不同的人。在一段很短的时间内，我是一个住在佛罗里达农村的黑人妇女，然后我是一个刚刚被车撞了并送入医院的波兰男子。持续时间最长的化身是一名精神病患者，医生们正利用他做一些致幻药物的实验。我有了一种偏执的感觉，我是这家医院的俘虏，无法逃脱。不知为何，父亲的本质、父亲去世时亚利桑那秋日白杨的颜色、他皮肤上深色的色斑和我对他无尽的爱，都混合在一起，成为我的人格。这是只有在梦中世界才说得通的逻辑。

这时我跳了起来，一把扯掉眼罩，大声宣布："我不要死在这里，我要到外面去。"

我记不清这次体验是怎么结束的了，但我依稀记得，我拒绝重新戴上眼罩。于是沃利说服我坐下来，并且给我拿了一杯茶和一些饼干。从大多数致幻药使用结果的标准来看，这是一次失败的体验。我没能使自我意识到死亡。但最终，最坏的部分反而成了最好的结果。我知道了我是个控制狂，我拥有慢性轻度偏执和自我保护意识，并且会在情感上与他人保持距离。这种认知迫使我成为更开放、更受欢迎的人。不愉快的经历最终变成了更美好事情的前奏曲。

第二十三章 小木屋

家庇佑梦想，

家保护梦想家，

家让我们在安详中做梦。

——加斯东·巴什拉

吉福德: 从位于加利福尼亚米尔谷的塔马尔帕斯高中毕业的那天，我正好满十八岁。我已经厌倦了教室、老师和权威，再也不想继续念书。我几近病态地排斥四年制、六年制、八年制甚至更多年的教育。这些教育是为了什么？为了我能找到"好"工作然后一次又一次地出卖我的灵魂来成为律师、医生或者政治家？不可能，我绝不会这样做。我想要简单的生活，远离喧器，自己种植粮食，不再加入这个腐朽的系统，它正在腐蚀我们的地球，把人们转化为社会的僵尸奴隶。

我要自由。

我和几个最好的朋友都有同样的想法，而你，出于慷慨大方（或者史诗级别的愚蠢）自愿让我们管理位于麦克法兰河边的农庄。那是一片四十英亩的田园，坐落在华盛顿州北部的凯斯卡德山脉以东，距离加拿大边境只有几英里。

作为准备，我将姐姐在缪尔海滩的公寓出租，整个冬天都在努力工作存钱，并且毁坏了你从约瑟夫·坎贝尔那里继承的大众汽车（不管你这些年是怎么想的，我那时没有嗑药）。最后在1979年的春天，我和两个最好的朋友把我们的行李和工具搬上了一辆破旧的白色丰田车，开过加利福尼亚的中心地区，翻越沙斯塔山，穿过俄勒冈州和华盛顿州的市中心，最后在4月份的一个凉爽春日里到达了麦克法兰河。我的女朋友也加入了我们，我们四个建造了一个巨大的种植园，把春天的大部分时光都用于在附近的苹果园里劳作，小小的青苹果挂满了枝头。

在苹果园里劳作糟糕至极。难上加难的是，天气很热，而且成果并不明显。杀虫剂特别恶心。在春天播种和秋天收获之间，有很长一段时间我们都没有事做，这对我们来说棒极了。当然，我们长期缺乏现金，但是我们也不需要太多。我们养了鸡，所以有鸡蛋，还养了羊，所以也不缺羊奶和羊肉。盛夏的新鲜蔬菜完全超出了一帮十多岁总是喊饿的男孩们所能消耗的数量。我们买到的新鲜牛奶是我喝过的牛奶中最好喝的，你可以带上自己的罐子去买，一美元一加仑，还能看到三英寸厚的奶霜。最大的支出是买卡车的汽油、龙舌兰酒、大麻以及偶尔去奇兰湖区的健康食品店购物。我们在那里买好几加仑的花生酱、几包十磅装的奶酪和许多塑料袋包装的墨西哥玉米饼，堆起来能有三英尺高。

所以，结束了糟糕的6月，迎来了我们在这里的第一个夏天，我们也终于有时间做任何我们想做的事了。多么美妙的夏日时光啊！在短短的时间里竟然发生了这么多的事情，积攒了这么多美好的回忆，我仍然不敢相信，这仅仅发生在一个季节里。我们四个一直住在农场里，但我们认识了很多新朋友，也总会有两三个甚至更多的拜访者。清晨，我们趁着天气还很凉爽的时候在地里劳作，下午在附近的米索河中游好几个小时泳，然后一起围坐在深蓝色的长餐桌旁，一边俯瞰河景，一边享用晚餐。

夏日里的某一天，我突然着魔般地想要自己建造一间小木屋。这也许是你给我的想法。我记得你曾经和我一起坐在厨房里对我说："如果你能在这里建造一间小木屋，我就再给你一些土地，它们永远是你的。"

这是自由的有力象征：我自己的房子。我能以我自己选择的方式自由生活。

但凡我知道建造一间小木屋会有多难、要花多长时间和精力，我都会怀疑自己还会不会开始做这件事情。

我在牧场山丘的一侧选定了一个位置，花了两百美元请我的邻居将他的反铲挖土机开过来，为我的小木屋挖出打地基的坑。我计划盖一间中型木屋，十六英尺长，二十四英尺宽，有一个露天平台、斜屋顶以及一扇朝南的大窗户。为了省钱，我决定使用原木，因为我能从周围的森林中砍伐树木来获得原材料。

在8月一个炎热的清晨，我和三个朋友带上两把电锯，开车沿着米索山谷来到了黑峡谷河。我们沿着崎岖的伐木山路向深处走了十五英里，来到一片几年前被野火烧毁的黑松林。这些树枯立在那里，没有树皮和树枝，干燥得像骨头一样。多么完美的原材料：笔直、重量轻、坚硬，它们掉落在地的声音如同钟鸣。搬运这些树木是艰苦繁重的过程。接下来的一个月中，我们又去了三次，最后，这些树木被砍好并整齐地堆放在了路边。我用自己最后的存款雇了一辆破旧的货运车，开进树林里搬运木材。当我们把木材从卡车上推下来、乱七八糟地堆在农场前面时，已经是半夜时分了，我给司机付清了报酬。

接下来的一周里，我用皮卡车一次装一部分木材，开过牧场运到我选定的位置。9月中旬，我的施工现场旁已经堆起了整齐的原木。我准备好开始建造小木屋。然而还有两个问题：一，雇用原木货运车已经花光了我的存款；二，对于如何建造小木屋，我只有非常模糊的概念。

还好，马上就到了收获苹果的时节，接下来的六周，我努力攒钱，准备过冬。

收获季结束之后，我的朋友们离开了，他们承诺，春天的时候会再回来。我和我的女朋友一起度过了整个冬天。11月份开始下雪了，一直到来年的4月份雪才开始融化。1月份有一段时间，连续三个星期温度计的水银柱都没有超过二十华氏度。冬至时，太阳在快十点的时候才升起，下午四点就落山了，消失在山谷南部的山脊后面。

3月份时，我们已经身无分文，一次只加三美元的汽油，在杂货店买东西时不得不把一半的商品放回货架上。我们依靠去年秋天攒下的土豆和七十箱油桃罐头充饥。4月份，当邻居雷·安德斯问我是否需要一份工作时，我都没有问工作内容和酬金就答应了下来，然后整个春天我都在

安装好几英里的灌溉设施。完工时，我再也不想闻到塑料胶水的味道。哎，我衷心地希望，不要再做这件事。

夏天到了，我的朋友们也回来了，我迫不及待地开始小木屋的建造。但有些东西已经改变了。曾经那种无忧无虑、轻松的气氛消失了。我仍然在河里游泳，与朋友们开派对，但我不再去高海拔的山区远足，也不再参与偶尔几次的海边温泉之旅。

我开始长时间地工作。

我扩大了种植的范围，从山谷的入口开始，一直向北延伸。我接受了几个临时的伐木工作，花了几个星期砍柴并卖出赚钱。在这期间，我也持续建造我的小木屋。那是进展缓慢、令人沮丧的事情。那里没有电，所以我不得不自己动手做所有的事情，有时也会用到不靠谱的小型电锯。比起使用它的时间，我花了更多的时间在如何拉它的电线通电上。另外，我都不知道自己在做什么，只是经常依靠"我猜你不会这么做"的想法来决定接下来怎么做。终于，我克服了一些障碍，在冷空气到来之前，在朋友们的全力帮助下，铺好了小木屋的地板，竖起了墙壁，安装上了屋顶的椽子。但是小木屋没有窗户，没有门，也没有房顶。我从骨子里觉得劳累和沮丧。不知为何，我的生活从过去那种无忧无虑、偶尔工作但非常快乐的生活方式转变为无止境的劳累工作。

这一年，我的朋友们去南方过冬，我和我的女朋友在距离利比河二十英里的地方租下了一间房屋。房间很大，但是没有水也没有电。窗户没有玻璃，只罩了两层透明的塑料纸。厕所位于户外，离大门五十码远。但这个地方太便宜了，一个月租金才三十美元。整个冬天我的女朋友都和我一起度过，但是春天到来的时候，她觉得她需要度假。我们没有分手，她只是去加利福尼亚住一阵子。现在回想起来，很明显她已经厌倦了木柴烤炉、户外厕所和煤油灯。她想要抽水马桶、热水淋浴和电冰箱。

如果我说我不想跟她一起走，那我就是在撒谎。

但我更想先建成我的小木屋——无论我多么想要放弃。那个春天，我加倍努力赶工，整天都不停地爬上梯子，然后在还有五级台阶的地方就往下跳。7月份，屋顶装好了，不过依旧没有窗户。那时天气还很暖和，所以我住进了小木屋。9月份，在收获时节，我给小木屋安装了窗户，建造了厨房灶台，连接了我从垃圾堆里捡来的老旧的管道。虽然还有很多事情要做，但我还是宣布完工，并且举办了盛大的暖房派对，准备了许多食物和桶装啤酒。三十人参加了派对，两只秃头鹰在小木屋上方盘旋了半个多小时。

这是我自己的家。

11月，复仇的冬日来临，我才意识到小木屋建造得多么糟糕。我低价买来的校舍窗户漏风漏得像个筛子。墙壁的木板排列得也并不紧密，中间有缝隙。寒冷的夜晚里，壁炉被风吹得呜呜作响，我能听见风吹过地板的声音。

我在小木屋里度过了整个冬天。有一天雪下得不大，我在朋友的苹果园里修剪树枝。我是唯一还在那里工作的人，有好几个星期我都没有见到其他人来这里工作。春天来到时，我的思维缓慢得像一片沼泽。情感、思想和记忆都沉溺在黏稠的、缓慢移动的沼泽里，当我需要与他人

交谈时，我变得很难组织语言。

这是一段充满矛盾的辉煌时期。一方面，我心神不定，不满意也不确定我在做的事情。但另一方面，我获得了在家时从未感受过的平静。住在自己建造的房屋中是如此令人满足，清晨在阳台上俯瞰河流，夜晚躺在床上聆听潺潺的流水，微风在杨树林间低语。如此安静、如此美丽，这都属于我。这是真实自由的一大部分。无论发生任何事情，我都把这片美丽的地方叫作家。

山姆：在你修建并住进你的小木屋时，我对你的生活方式感到非常矛盾：一方面，那段时间你工作努力得就像魔鬼，这完全终结了我对你工作热情的任何疑虑；另一方面，我很担心你未来生活的发展。你已经二十二岁，却过着勉强糊口的日子，对此我感到很不舒服，我希望你有目标和野心。我希望你去上大学。

在你建造完小木屋并且一个人生活时，我开始找你的麻烦，让你成熟起来，剪去长发，找到一份真正的工作，结果显而易见。一天晚上，在一个我已经参加了十年的男士组每周例会上，我开始讲述我的忧虑。我的朋友们嘲笑我道："你是在说他做各种各样的工作养活了自己，自己种植粮食，甚至自己建造了一间小木屋？这哪有什么问题？"

我的一个朋友补充说："他在做的事情是我们所有人都梦寐以求的。"

我觉得他们是对的。我放松下来，甚至也开始享受你的冒险。

吉福德：当你逐渐接受我所做的事情后，我变得更加焦躁不安。从春天进入夏天时，我发现自己越来越频繁地在思考一个问题：我已经二十二岁了，我的朋友们都从大学毕业了，我在这个不知道是哪里的地方到底在做什么？我感觉生命就这样从我身边溜走。我几乎可以听见你的声音回荡在我的脑海里："所以……你就打算一辈子在这里摘苹果、挖沟渠？"

我会这样吗？

这种感觉很奇怪。当我在做这些事情时，很明显，我浪费了我的时间。然而回想起来，那个冬天和春天组成了我一生中最重要的时期。从某种程度上来说，它比我所做的其他任何事情都重要。因为它告诉了我，我是谁，我是由什么构成的。

虽然，在初夏时分我很孤独。没有一个朋友按计划前来，我也十分思念我的女朋友。所以在6月的一个早晨，没有任何特别的提前计划，我把背包、滑雪板和各式工具扔上我那年久失修的卡车，开向南方。

我之后只回去过一次，那也是三十年前的事情了。我听我的老朋友说，露天阳台的木板已经腐烂了。一头熊把壁炉的管道从屋顶撕了下来，一群林鼠在里面筑了窝。在这一点上我不得不承认，我几乎不可能再回去了。

直到我写下来这段经历，我才真正地被它打动。我看到我们的关系是怎样影响了我建造小木屋的想法，甚至想要完成小木屋的决定，是怎样与我们的过去息息相关，尽管放弃是件更容易的事情。虽然我已经二十多年没有回去过了，但即便是现在，这间小木屋也依然是我心中重要的一部分。一年中有三四次我都还会梦到它。当我醒来时，这个多彩的梦境给我留下的是乐观和乡愁混合在一起的奇怪的感觉。

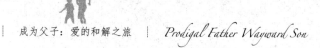
　　这间小木屋是我的初恋。我花了两年半的时间，做我经历过的最艰难的工作来建成了它，我却只在里面住了一年。但我从来都不后悔。建造小木屋改变了我。那一年，我住在自己建造的房屋里，也许只有在这段时间，我能最自信地说出："我属于我自己，我是自由的。"

　　这是我无法失去、无法忘怀的事情。

第二十四章 工作成就男人

每个人都是为了某项工作而生，对那项工作的渴望深埋每个人的心中。

——鲁米

山姆： 在当前的社会文化中，我们能从上一代人的身上体会到生为男人的矛盾性，作为一个父亲，如果不表现出适当的残忍，似乎就显得有点奇怪。但事情并没这么简单。我作为男人的身份是由一系列形象、价值、工作理念等综合而成的，而工作理念来自自身修养和加尔文主义的神召。

我出生于1931年，我的心理在很大程度上受到大萧条的影响。当失业率持续爆发、就业机会不断减少时，工作就成为人们最大的希望，成为指引方向的那颗星星，是实现美国梦的必经之路。工作、薪资单、照顾一家人生活的能力是一切的核心。要成为一个男人，就一定要有一份工作。强制工作对我来说是"正常的"美国人的生活方式，我对我专业的痴迷使我具有控制欲和不易亲近。

把你培养成为男人的计划重心在于工作，主要参考了童子军法律所列出的种种英雄品质。我在美国特拉华州加入鹰级童军①时是队伍中年龄最小的，从那时起，童子军法律就牢牢地刻在我的脑海中。童子军要做到（我希望你也能做到）"值得信赖、忠诚可靠、乐于助人、为人友善、谦恭有礼、平易近人、服从命令、乐观豁达、勤俭节约、勇敢无畏、整洁纯朴、虔诚恭敬"，我又加上了：诚实守信、坚韧不拔和工作出色。毫无疑问，你辜负了我这些并不可能达到的期望。遵从我父亲长久以来的传统，我有责任高高在上地向你发号施令，而你有责任遵从我的命令。我没有遵从《圣经》的命令，选择"不打不成器"的教育方式，但我依然是一个苛刻的、可怕的、缺乏同情心的父亲。

我的工作生涯开始于1944年我前往维多利亚农场，那年我十四岁。由于许多农民都被征召入伍，童子军接受命令前往特拉华州的一片沙地除草。天气炎热，工作繁重，劳动时间长，薪水稀薄（两周十六美元，包食宿），但我却应对自如。当其中一个领队夸奖我是工作最好的人之一时，我感到非常骄傲。尽管工作辛苦，但这更像一场冒险。我们可以不去上学，住在搭建的帐篷里，每晚都在大厅里看电影，基于宗教的原因，我不能享受其他方面的待遇。

很多年后我才意识到，这些所谓"爱国"的农民们正是通过我们对于

---

① 美国童子军的最高级别。——译者注

战争的贡献而发家致富的。

在我十七岁本应该参加毕业典礼时，我开着我的1931年A型福特汽车一路向西，到达堪萨斯州，在那里的麦田中从日出工作到日落。早餐是饼干、鸡蛋、火腿和派；午后躲在混合收割机的阴影里喝柠檬水、休息；晚餐前在河水中洗净身上的尘土；夜晚享受比以往都深的睡眠。

1951年的夏天格外炎热，提供给大学生的工作十分稀少，因此能够成为宾夕法尼亚州铁路部门的"甘迪舞者①"，我和我的哥哥都感到十分幸运。我们每周工作四十个小时，每小时工资1.25美元，没有加班费。在工作日中，我们负责替换损坏的铁路枕木，使用手提钻将碎石填入枕木下方来垫高铁轨。星期五下午，我们工作团队的每个人都会领到一根很长的木杆。我们一起将木杆紧贴在铁轨旁，确保铁轨没有弯曲。领唱者喊出一个口号，所有人抬起木杆，然后我们会一起和着号子：队长，队长/你看不见吗？/这些木杆/要把我折磨死/南部海岸/L&N公司/什么都不做/只折磨好人。

我们的团队由十二名黑人和四名白人大学生组成，主要负责特拉华州威灵顿至宾夕法尼亚州胡克之间的铁路。一开始，我们这些白鬼成了黑人们的笑柄，他们总是嘲笑我们多么天真和纯洁。有一天，当我正赤着上身干活时，J.D.巴特向我走来，拔下他的胸毛贴在了我的身上。

"嘿，男孩，如果你想吸引女孩，你需要这个！"

---

①铁路工人的别称，20世纪初期，"芝加哥甘迪制造公司"为铁路工人提供了一种工具，酷似杂技演员踩的高跷，工作的时候，工人踩着"高跷"，在铺满砟石的路基上蹦蹦跳跳，形似跳舞，目的是把铺路用的砟石压平整，"甘迪舞者"的称号由此而来。——译者注

另一名身材高大的黑人拉姆金是这个团队自然的领导者，他插话说："巴特，这些男孩可不像你那么丑。他们不需要胸毛也能吸引到女孩。"

拉姆金迅速成为新人的导师，他告诉我历经岁月的智慧："男孩，不要用比你想要结束工作更快的速度去开始工作，因为当你离开或者死去时，铁路永远还在那里。"

这个夏天发生的两件事改变了我和我哥哥的人际关系。

团队中所有的黑人都买彩票，并且以一种我永远搞不懂的方式利用梦境来预测中奖号码。比如，举例来说，你梦到了一个池塘，里面有一只鸭子，这大概预示着四十五是中奖号码。在数字游戏的神话中（比如毕达哥拉斯数学命理学），新手的梦境会预测得更加准确。一开始，我和劳伦斯总是不明白，为什么当我们开始工作时，J.D.巴特总是会问我们昨天晚上梦到了什么。这真奇怪。然后在某个周一的清晨，巴特大摇大摆地闯进我们的房间，宣布他赢了九十六美元，中奖数字正是他根据我哥哥梦到红棕色公马而推测出的数字。自此之后，劳伦斯在当地的地位等同于德尔斐神谕①，每天早上都被淹没在许多对他梦境描述的请求中。上一次有这么多人寻求对梦境的解释，还是在弗洛伊德时代。

我的优势来自一个不太神秘且实质上并不尊贵的爱好。像许多有男子气概的人一样，我也宣誓遵守国家步枪协会的法令，并且深深地对枪支着迷。我想方设法从一位不折不扣的收藏家手中买到了一支非常少见的.22口径的"史密斯女士"手枪。

---

①在三千年前，希腊德尔斐神庙阿波罗神殿门前的那一句石刻铭文"认识你自己"曾引起过无数智者的深思，后来被奉为"德尔斐神谕"。——译者注

一天下午，我们在等待火车经过时，开始谈论起枪支。一个人提到他家被盗窃了，如果有一支枪，他会感觉安全很多。我答应帮他搞到一支不太贵的.32口径手枪。这宗交易在一周之内就完成了，之后有更多的交易找上了门。我不知道我给多少人找到了武器（当然没有查尔顿·赫斯顿获得的奖多），但是已经足够多到使我后来开始怀疑这种行为的合法性。

在铁路上工作是我人生中一个重要的仪式。我第一次进入男人的世界来自我成功完成的重体力工作以及与其他人一起完成任务后获得的自豪感。我的铁路工作的启蒙仪式是我被分配为J.D.巴特的搭档。我们负责把铁道钉打入铁板以固定铁轨。有一次我拿着锤子，保持节奏地击打铁道钉。一开始有几次我没有打正，把钉子锤弯了。J.D.巴特只是笑着对我说："别急，你很快就能做得很好。"

我的确做到了。之后，我仅仅是一个普通的小伙子，与其他人工作得一样好。

每当听到别人说"约翰·亨利①是驾驭钢铁的男人"这句话时，我的心中都会涌起一股强烈的认同感，然后一个小小的声音在我脑海中回答道："我也是。"

---

①钢人，美国漫画里的超级英雄，他为了报恩并维护社会的正义，研发出一套装甲，可以使他在空中飞翔，从此他化身为"STEEL"，也就是钢人。——译者注

第二十五章　彻底的灾难

人若赚得全世界，却赔上自己的生命，又有什么益处呢？

——马太福音 16:26

吉福德：当你第一次想要我给你讲述我从事软件行业的故事时，我觉得这是一件轻而易举的事。但是当我试图找到一个最重要的主题或是挑出一个最能捕捉这些年精髓的故事时，这些线索分离又聚合，最后毫无希望地交织在一起。这段时光是我人生中矛盾最深刻的时期之一：这是一个既有辉煌成功又有悲惨失败的时代。

所以，我想告诉你的故事具有完全相反但又互相纠缠的两面。

故事的一面是一个几乎典型的美国人获得经济成功的故事。当我1990年获得洛斯阿拉莫斯国家实验室的工作时，我三十岁。在那之前，我都在做杂七杂八的临时工作，大部分工作都在室外，对体力和脑力要求很高。我的工资从来达不到填写报税单的标准。当我在2001年离开跨国企业、告别六位数的工资时，我终于获得了经济上的独立。那年我四十岁。

这个故事的另一面比较黑暗，却也很典型。这十年几乎把我掏空了。一开始我身体健壮，皮肤黝黑，有点男孩子气，即使算不上无忧无虑（我总是会倾向于存在性焦虑），至少也是无所牵挂，不在意自己的状态，也几乎不感到羞愧。我也许没有钱，但我自由、独立、自我尊重，没人能控制我。

在生物信息行业从业七年之后，我有了妻子、两个孩子和房屋贷款。后背的疼痛让我几近瘫痪。我在我所鄙视的老板手下干活，在我所厌恶的行业中工作。但我已经投入了太多，担负着太多的责任，以至于我没有勇气选择放弃。总而言之，为了权力和金钱，我出卖了我的灵魂。

让我还是从头开始给你讲吧。在圣约翰大学学习了四年之后，新墨西哥州辽阔的天空、荒无人烟的群山、夏季的季候风以及干冷的冬日都已深入我的肌肤之中。四年的文科教育没有帮助我决定我将来要做什么，但我想要留在圣塔菲。

经历了一系列陌生的场合之后，最终我听说在洛斯阿拉莫斯国家实验室有一个经理职位空缺，主要负责管理小型数据库，为分子生物学家收集网上的相关信息。那时，我对分子生物和电脑都一窍不通。但我还是去填写了申请表格，参加了面试，最后不知为何竟然得到了这份工作。

我职业生涯的心理困惑始于我工作的第一天。我开车上班时经过了一块雕刻木牌，上面写着"欢迎来到洛斯阿拉莫斯——原子时代的诞生地"。文字下方有一个小小的图案，怎么看都是蘑菇云的形状。我心中突然涌起一股强烈的厌恶感。我到底在做什么，为一间武器实验室工作吗？我强压下愤怒，提醒自己只是从事一个公共的基因序列数据库管理

工作，这是一个正义的人道主义项目。但我还是被吓得不轻。

半小时后，我的新上司向我展示了接下来一年将成为我办公室的小隔间。这是一间阴暗的、惨白色荧光灯照亮的工作房间，狭窄到即使我把椅子使劲往墙边推，桌子和椅子之间依旧没有什么多余的空间。那一瞬间我有些犹豫，说实话，我几乎在还没开始时就要选择退出。除了做过一段时间的收银员之外，我从来没有做过室内的工作。那间狭小的办公室几乎汇集了所有我发誓绝不做的事情。不过，也就是一年的工作时间，我总有机会选择退出的。

我是这样对自己说的。

很快，我离开了这个小型的单人项目，开始负责另外一个更大的基因数据库。我在软件方面有自己独特的诀窍，一年之内我就成了项目组的管理者。最终，我们把这个项目分离出实验室，成为非营利项目；紧接着，成立了营利性的创业公司，我被任命为产品部门副总经理。在每个阶段中，我被赋予更多的责任，给予更高的薪水，还有大量的优先认股权。在每个阶段中，那个告诉我可以随时退出的声音越发模糊，我越来越感到自己被困住了。

自从我第一次坐进那个惨淡的工作间以来，我经历了艰难的七年，我们的营利性公司最终被一家跨国企业收购，这家企业在纽约证券交易所榜上有名，我那些并不值钱的股票优先权也转成了新公司真正的股票，我在圣塔菲实现了我的硅谷梦。

在我的项目被分离出实验室之后和被收购之前的这段时间，我对自己职业的困惑是如此的深重，我经常感觉自己是两个不同的人。

在一个世界中，我拥有自己的生活时间。我负责三个主要的软件项目，还参与了所有的设计。技术方面的工作总是特别耗费时间。我带领五十个非常聪明的人建立了一个庞大的、复杂的数据库系统，用于分析前所未有的基因数据洪流。我们有着紧密的联系。不仅仅是同事，甚至不仅仅是朋友，我们开发团队长时间地紧密团结在一起，共担失败的风险，共享成功的回报。我喜欢开发严肃的软件，这是我所做过的事情当中唯一吸引我的一件事。回顾这段人生我会感到一丝渴望，更多的则是怀念。

虽然技术挑战变得更加精彩，财富的梦想触手可及，但是商业现实也愈发丑陋。在新的创业公司我有了新的老板，我渐渐地开始厌恶他。在我十四岁的挑战探索之旅结束后，我就对自己发誓，再也不要受他人摆布。但我的新老板总是以一种自命不凡、高高在上的态度对待我。他轻视我，并且强迫我进行毫无意义、令人反感的工作，仅仅为了巩固他的权力。但我照做了，每当我对他微笑甚至热脸贴冷屁股时，我的内心却只想朝他脸上吐口水。我的做法打破了曾经与自己定下的协议。

有一天，我的老板对我非常糟糕，我忍不住大发脾气，怒气冲冲地离开他的办公室时用力摔上了他的门，连二楼的窗户都震了一下。我回到自己的办公室，给我的妻子凯琳打电话，告诉她发生的一切。她十分愤慨，对我说如果我想辞职，就应该立刻回到他的办公室，叫他滚蛋。她不在乎我们是否要削减开支或者我们必须搬到加利福尼亚。凯琳支持我做任何自己想做的事情，不管后果如何。

我想，如果她说，"亲爱的，这真的是一份很好的工作。"或者，"再仔细想想，如果你真的辞职了，我们怎么办？"这将会击垮我。但是相反，她的刚烈、愤愤不平、毫无保留的支持给了我坚持下去的力量。我会永远爱她。

所以，最终我还是留下来了。我需要支付房贷，还要支撑家庭。通过这段时间，我挣到了六位数的薪水，也持有足够多的股票。就算公司再被收购，我还有老板所说的"混蛋基金"。他以一种居高临下的声调向我解释了这个词，意思是我已经足够富有，只要我想，我可以骂任何人"混蛋"（猜猜第一个我会骂谁）。

我应该离开这里的一切吗？即使我想要离开，我仍然要对我的员工负责。我不能让他们失望。我告诉自己，这只是妥协，而不是背叛。我已经走得太远了，无法回头，最值得做的就是坚持到最后。

所以我选择了让步，选择了忍气吞声。我工作时间更长，并且开始旅行。一开始只是偶尔旅行一次，渐渐地变成一个月一两次，最终每年的旅游时间多达一百多天。我放弃了生日和结婚纪念日，经常在深夜和周末加班。我的工作职位使我变得两面不是人，管理层认为我是一个技术怪胎，完全不懂商业的现实意义，而开发商认为我是管理层的暗探。这两个世界的矛盾完全无法调和，我必须强迫自己妥协，以至于所有人（包括我自己）都觉得我出卖了他们。从某种程度上来说，我无法成为一个正直的人。因为无论我做什么，我都会背叛某些人。

山姆：自从你开始在实验室工作，我和你都没想到，你能将办公室工作坚持下去。你在大学里表现很好，但我仍为你在生物信息行业的迅速崛起感到惊奇，毕竟你对计算机和生物都不了解。随着你事业的进步，特别是在你开始赚很多钱的时候，我为你感到骄傲和欣喜。我毫不害羞地向我的朋友们吹嘘你的成功。

但与此同时，我不能坦然面对你从嬉皮士向商务人士的转变，而且我很担忧你为此而付出的代价。你变得不自然，过度紧张，这都源于工作对你身体的消耗，我曾经也是这样。你的慢性背部疼痛说明，你所承受的压力已经超出了你的承受能力。

那段时间里，你曾向我谈起你的职业困惑。但直到我读了这个故事我才发觉，你当时是多么的挣扎。我疑惑的是：你从什么时候开始发觉，你所做的事情违背了自己的良心？

吉福德：其实并不存在这样一个浮士德的时刻，恶魔出现，用我的灵魂交换我内心真实的渴望。一切发生得很自然，一次改变一点点，令我难以觉察。那时，似乎没有一个场合是合理的。就好像把青蛙扔进热水中，它会立刻跳出来。但如果把青蛙放入冷水中然后慢慢加热，它会坐在其中直至死亡。

我应该在什么时候像掉入热水的青蛙那样跳出来？在我工作的第一天，看见洛斯阿拉莫斯的蘑菇云标志时？在我第一次获得管理层职位时？在我的老板对我发号施令时？如果我辞职了，我会成为怎样的丈夫和父亲？我还能做什么工作？

我不知道。但我清楚地记得，我无法再否认自己终会身处热水的时刻。

那是1997年的秋天。我在德国路德维希港沿着大街走向巴斯夫股份公司总部，参加一个为期十天、访问十二个北欧城市矿业中心的巡回销售会。在这个沉闷的阴天清晨，由于睡眠的缺乏和酒店糟糕的食物，我感到恶心想吐。我已经五天没有看到太阳了，我在刮胡子时试图切开我右脸上一颗明显的黑痣，却导致伤口流血不止。但我已经为成功准备好了服装：蓝色细条纹西装、熨得笔挺的白衬衫、保守的领带和擦得锃亮的尖头鞋。我手中的黑色皮革公文包内装着笔记本电脑、展示用的文件、给客户准备的白纸以及为我后背疼痛所准备的止疼片。我的心被更沉重的东西所占据：兴奋、自大和存在性厌恶，各占三分之一。

四周的美景也没能缓解我沉重的心情。路德维希港的建设都围绕着巴斯夫股份公司，这是一家庞大的制药和化学公司。莱茵河两侧建造的化工厂绵延四英里，宽阔而流动缓慢的冰蓝色河水逐渐汇入另一边混浊、有毒的棕色水域。岸边高高的烟囱纷纷吐着黑烟或是冒着火光，大规模的管道网络和水塔顶部的巨型圆罐使人仿佛处于描绘工业地狱的超现实主义油画中。

然后，我走上一栋宏伟的石质建筑的台阶，建筑大门上刻有"巴斯夫股份公司"的浮雕字样。短短一瞬间，我觉得自己是那么可笑，这种感受仿佛一股恶意的浪潮淹没了我。

在那之前不久，我还住在华盛顿州的农庄里，种植有机蔬菜，在偏远山区徒步旅行，在河里游泳，经常只穿一条邋遢的短裤，戴一顶肮脏的荧光黄色棒球帽，上面印有迪赛牌的标识。

而现在，我却穿着一套可恶的西装，系着一条更可恶的、仿佛勒住我生命的领带，在这个堕落的地方准备去迎合奉承这栋可怕的大楼里的一群毫无灵魂的人。我猛然意识到，我当前的道德观不仅是可疑的，而且已经完全坠入堕落的境地。地球上这一片散发恶臭的腐烂土地，被污染空气的金属气味，被倒入河中的有毒污水，都远超出了我能自圆其说的程度，甚至剥夺了我拒绝的借口。

我当时就想扯下领带，把笔记本电脑扔进莱茵河，迈入夕阳的余晖中，下决心要拥有更好的生活。随后，我忽然顿悟了。是的，顿悟这个词具有丰富的内涵：直接明了，快速洞察，不可能的改变等。但事实上，当我摆脱那一瞬间的冲动走向会议室时，除了绝望不断增加、厌恶不断滋生之外，我不知道还发生了什么。

我的人生中还有几次类似的转折点：都是在一个重要的时刻，一些根本的东西或者破碎，或者改变，或者在我的内心悄然生长，但我在很久之后才明白它的意义。同样，在那个灰暗的、空虚的路德维希港清晨所发生的事情，是我改变的开端，在此后的三年多的时间里，伴随着许多幸运、痛苦、努力、勇气和怯懦，这个改变在我内心扎根，最终在我的生命中绽放出美丽的花朵。

第二十六章 自由职业

质疑一切，找到自己的光。

——释迦牟尼

山姆：我刚辞去安定的终身教授职位，就找到了为接下来的四十年职业生涯奠定基础的工作。《今日心理学》杂志的主编T.乔治·哈里斯邀请我为杂志撰写文章，于是在接下来的十年中，我成为刚刚兴起的新纪元运动①的记录者。我采访了许多来自人类潜能运动领域的杰出领导者，并发表了数十篇文章。

在我开始自由职业生涯的第二年，我决定要采访《唐望》（*Don Juan Matus*）的作者卡洛斯·卡斯塔尼达，这本书是反传统文化的神话宠儿。起初，我的同事和杂志社内的大多数编辑都对此持怀疑态度。他们都认为，发表这次采访会玷污《今日心理学》的声誉，但我认为，越来越多的人会开始对卡斯塔尼达感兴趣。因此，我无视了他们发出的可怕警告，

---

① 又称新时代运动，是一种去中心化的社会现象，起源于1970—1980年西方的社会与宗教运动，新纪元运动所涉及的层面极广，涵盖了灵性、神秘学、替代疗法，并吸收世界各个宗教的元素以及环境保护主义。——译者注

发挥出"基恩家的做事方式"继续推进我的计划。最终，这次采访大获成功，远超我最初的设想，并且这篇文章也成为那一年中被引用次数最多的文章之一。

从那之后，我被卷入时代的洪流，我的新事业也蒸蒸日上。我的电话不断响起，我被淹没在无数采访和约稿的邀请之中。我很自然地成了新纪元运动的诠释者。

这段时期的巅峰是我和伊莎兰中心的迈克尔·墨菲合作举行的大型会议，主题为"灵修与治疗的暴力"。那时的新纪元运动混杂了许多并不严谨的灵性行为——灵性大师们自称开明的榜样，而治疗师们声称的治疗理念也未曾得到证实。那些一开始被认为是全新的哲理，最后都被证实为个人崇拜。既然我在神学院教书时已经成功扮演了恶魔代言人的角色，我很自然地便把这种天分运用到了新的心理学领域。这个领域需要批判的声音。

会议的地点位于旧金山普雷西迪奥的科学馆，有很多人出席。五百人挤满了会议大厅，其中很多人都参与过新纪元课程，例如埃哈德训练课程①、精神综合灵性疗法或阿里卡学院，还有一些灵性大师和"开悟者"以及他们的徒弟们也参加了这个会议。这些杰出人士坐在我身后的会议座椅上，形成一个压迫性的半圆形，而我在进行一场名为"暴君的游戏"的演讲，并暗示在座的人中很多都是灵性暴行的实施者。我微笑

---

① 沃纳·埃哈德将现代心理健康科学、心灵动力、佛教禅宗思想等结合，成为一套研讨课程。——译者注

着用言语对他们进行杀戮，一语道破个人崇拜的形成过程，揭露新心理疗法中模糊不清的说法，并嘲笑个人崇拜的浅薄本质。

多么经典的场景啊。

我的演讲结束之后，许多灵性大师们对我说，我演讲中的批判可能适用于其他人，但是对他们来说，这些话是毫无根据且十分无礼的。在当时，精神综合灵性疗法的领导者们甚至禁止成员们与我交谈，现在它已经演变成控制严格的异教组织。

我必须承认，成为灵性的杀手使我获得了不同寻常的乐趣。但是，比舆论的好评更重要的是这件事对我心理的影响。在这一刻，我意识到我终于使我母亲的灵魂得到了安息。面对她的禁忌（你不应置疑），我完全就像一个哲学家，以最大的决心信奉笛卡儿的名言"我疑故我思，我思故我在"。我没有因这次讲座受到惩罚或得到赞许，但我拿到了报酬。

我完成了对自己的承诺。

我职业生涯中最大的满足感来源于我意识到我内心的追求对他人来说是有帮助的：在《致跳舞的上帝》（*To a Dancing God*）一书中，我分享了自己关于东正教教义的疑惑；在《腹中之火》（*Fire in the Belly*）一书中，我分享了自己成年的挣扎。通过这些分享，我表达出很多人共有的但并未形成文字的经历。我无意中成为人们的"通行证"，因为我鼓励这些被传统观念束缚的人去勇敢探索他们的人生。我永远无法忘记那个在我演讲结束后走向我的人，他饱含热泪对我说："谢谢，谢谢你。你说出了我的心里话，你讲出了我的人生。"

吉福德：虽然你讲述的自由职业生涯非常吸引人，但这看起来似乎是片面的。这并没有解决你的职业与私人生活之间的分歧。

（在写这本书之前）我与你最亲密的一次经历发生在几年前一个凉爽的秋日傍晚。我与五百个陌生人一起坐在圣塔菲学院黑暗的礼堂中，聆听你的一场名为"直面敌人"的讲座。

晚间的早些时候，我们一起前往你最爱的意大利餐厅共进晚餐。我记得你当时显得心不在焉——紧张、坐立不安。你讲了三四个笑话，但都没有把握好时机——它们一点都不好笑。

但是一个小时后，当礼堂的场灯黯淡下来，你大步走上舞台，几乎变成了一个我完全不认识的人。舞台上除了一把金属折叠椅和控制幻灯片的遥控器外，并没有其他道具，但你仍然使听众和我都牢牢地坐在座位上，专心地听你演讲。但这不仅是因为你演讲的内容，更是因为你本人。你的一切看起来都是那么的不同。你面带笑容，脸上没有一丝皱纹，你的声音浑厚而又饱满，你的肢体动作流畅而又从容不迫。

在那个舞台上，面对所有听众，你散发着魅力，并创造了一种亲密感，使得每个人都觉得你是在单独对他说话。在两个小时的演讲中，你没有让我们分心，你的一举一动都使我们如痴如醉。你以一种我从未见过的方式展现在我面前。

好吧，是几乎从来没见过。当我坐在黑暗的礼堂里观看你的演讲时，骄傲、疑惑和沮丧在我心中混合成为一股奇怪的情感，我忽然想起我们之间经常出现的典型场景。我们一起在一家餐厅吃午餐，忐忑不安地寻找共同的话题，这时一个陌生人接近了我们。"你是山姆·基恩吧。"他们的第一句话总是"我参加过你的研讨会……"或者"我听过你的演讲"或者"我读过你的书……"。然后你会邀请他坐下，把所有精力都放在他身上，创造一定程度的亲密感和体贴关怀来回答他的问题，回馈你的粉丝。而这总是会使我陷入疯狂地忌妒当中。

这些遭遇使我深感不安，我也总是告诉自己，这是因为你在伪装。这不是真正的你——还有谁能比我更了解你呢？但是在圣塔菲学院的那个晚上，我真实地觉察到，这就是真正的你。我不是你的粉丝，我没有真正地了解你。

这么多年来，一直如此。

在这个演讲中，我见到了我一直想要拥有的那个父亲。

山姆：多年来，比起家庭，我更关注我的事业。这也是我事业成功的部分原因。但我付出了沉重的代价。我总是非常孤独，对事业的关注使我无法从我最爱的家人那里获得我所渴望的亲密感。

然而凡事都有另一面。这些年来，我的家庭对我并不友善。多么讽刺。走在路上，我是明星，我的工作被人赞扬，我是王子。但回到家中，我只是一只青蛙。我总被批评，从不被欣赏。

现在回想起来，很明显，这段时期的本质是不断地自我加强。工作上，我愈发如鱼得水，工作期间是我最充满活力的时候。而在家里，我越来越封闭自己，一段时间后，可想而知，你并不崇拜我——我变得如此孤僻，以至于不能表现出真正的自己。

我生性内向。当我沉浸在自己的思想世界中时，是我感觉最自在的时刻。最重要的是，我追求思想。哲学并不是一份工作，而是一种热情。一方面，这使我经常性地忽略我周围的人。我爱的人总是抱怨我不能集中注意力。但这并不算什么问题。我只是集中注意力在别的事情上。一个奇怪的新念头对我来说更加浪漫。这种对思想的热爱使我事业有成，也使我很少缺席工作——至少对其他人来说是这样。这是我最大的优势，也是我最难以克服的缺点。这不是我能改变的，更何况我也不想改变。

另一方面，这简化了在我们的文化中男人必须获得事业成功的诺言。我相信，在生化行业经历了这么多年之后，你非常理解这一点。

所以我很疑惑这其中的权衡。

如果我更关注我的家庭，我还能在事业上获得成功吗？即使我想要这样做，我能在关注家庭的同时保持我对事业的热情吗？一个现代人，有可能完全献身于事业，却无须像亚伯拉罕牺牲他的第一个儿子那样，牺牲自己的家庭吗？！

第二十七章 权力、亲密和堆肥式厕所①

每个人都说要为我们的孩子留下更美好的世界；

那么我们是不是也要为世界留下更好的孩子？

——无名

吉福德：在我的儿子贾思帕九岁时，我们在夏威夷大岛上买下了一座农庄——占地十一英亩，三座小屋，没有电力，生长着各种你能想到的水果，该农庄已二十年无人打理。12月的一个星期二下午，我们带着四百磅的行李、经历十六个小时的飞行到达了夏威夷。租来的吉普车载着我们和沉重的梦想，行驶在粗糙的火山岩道路上。在此之前，我只有9月里在农庄里度过了三个小时，而凯琳和孩子们都从未见过那个地方。

当我们到达农庄时，房子里一片狼藉。前屋主不仅没有像我们之前协商好的那样，把房屋收拾好迎接我们的到来，反而把房屋洗劫一空。她拿走了制冷用的丙烯罐，所以我们无法使用冰箱；大多数的太阳能电

---

① 堆肥式厕所是一种以极少水量冲厕甚至是无水的厕所，排泄物流入便池中混合木糠、椰棕或泥炭藓等物质，带氧分解成堆肥。——译者注

池板都没有了，所以我们几乎没有电力；洗碗池里还有脏碗，几箱废弃物被杂乱地堆在地板上，到处都是垃圾堆和蟑螂。

迄今为止，我仍然不能说买下这个地方是我做过的最聪明或是最愚蠢的决定，也许两者都有。但是，离开圣塔菲舒适的大房子，远离大多数美国人都享有的便利（比如电），搬到三百平方英尺、脱离电网、位于夏威夷蛮荒之地的小屋居住，的确是一件艰难的事情。

第二天，我和凯琳与孩子们坐在一起，告诉他们，眼下的处境十分不妙（他们也已经发现了），如果想要脱离困境，我们非常需要他们的帮助。结果简直不可思议。那时贾思帕才九岁，凯特琳才十二岁，但是他们每晚都帮助清洗餐具，并自觉保持个人物品的整齐。他们清理了院子里的杂物和野草。很多时候，即使没有我们的要求，他们也会跟我和凯琳一起做家务。

这个处境中的哪些因素使孩子们会这样兴致勃勃地去做事？

我花了一段时间才明白，这是他们人生中第一次面临这样的状况：孩子们必须参与劳动。纵观人类的进化史，孩子们的劳动是家庭生存下去的必备条件。但是，对现代美国的大多数中产家庭来说——也包括我们的家庭——孩子是完全无用的，他们是家庭体系中的寄生虫。经过几周与孩子们一起劳动的时光，我感觉这种回归原始的行为是正确的，这种感觉迄今为止依然深入骨髓。孩子们也有同样的感觉——他们想要帮忙，因为我们需要他们，他们知道这一点。

但在这个过程中最神奇的是，这些积极的行为通过一种明显而又神秘的魔力最终帮助他们自己成长。他们帮助得越多，就受到越多的认可。他们获得越多的认可，就越发努力地工作。我和凯琳对孩子们感到无比自豪，这反过来使他们更加热切地帮助我们——并不是因为他们怀有罪恶感或责任感，而是因为他们感受到了爱和赞美。

第二年，当我们回到夏威夷时，我买了一个堆肥式厕所并安装在主屋里。这也许是过去的十年中我做过的最愚蠢的事——这个愚蠢的荣誉已经聚集了很多有力的竞争者。就像很多糟糕的错误，我现在只能说，在当时看起来，那是个绝佳的主意。

这是我在网上商城里见到的质量最好、可承担六个成年人的重量、评价最佳的堆肥式厕所：包括运费，一共三千美元。当我打开包装箱拿出它时，我颤抖的手指开始按摩我的脊椎。它看起来一点都不对。这个盒子五英尺长，三英尺高，看起来完全就像一个又肥又短的棺材，顶部的两个孔洞一个用于排气，一个用于上厕所。由便宜的、轻薄的白色塑料制成，侧面有一个小小的黑色手柄，整个物体重二十磅，看起来只值三百美元。

我用了两天，一边念叨着所有我知道的诅咒的语句，一边想方设法安装上这个该死的玩意儿。然后有趣的事情发生了，这个东西就没有正常工作过。那个只有十二瓦特动力的小风扇停止运作了两次，它本应该把那堆臭烘烘的东西吹入排气孔，结果整整两周，屋子里都弥漫着一股纽约地铁里的味道。在此期间，我又订购了一个全新的堆肥式厕所，从加拿大运过来。每周我必须去房屋底部两次，打开一个盖子（我想我不需要解释这个盖子里面是什么），添加一种特殊的填充剂（十分昂贵并且只能从厕所制造商处购得），然后转动手柄搅拌十几次。

从理论上来说，这个箱子里95%的有机物质（也就是大便）能够进行有氧分解，气体通过排气口排出，留下比较轻、无臭味的分解物，可以完美地用于田地施肥。然而，就像汽车厂商的广告里说的那样，情况因人而异。

长话短说，在安装了堆肥式厕所的一年之后，我们离开了农庄一段时间。当我们回来时，这个可恨的厕所里的排泄物并没有被分解，而且被填得满满的。我尽职尽责地读完故障指南，购买新的分解酶，添加了更多的填充剂，不停地转动手柄直到我的手臂都要断掉。

但仍然无济于事。

在一个星期五下午，我正在转动手柄搅拌那堆没有被分解的排泄物，并且试图说服自己，与一个星期之前相比，虽然这个箱子更满了，但这里面的东西没有变得更恶心。就在这时，箱子的盖子被崩开了，二十加仑散发着恶臭的污泥喷射在房屋底部的地面上。

不到三十秒，凯琳就跑出门外朝我大喊："我的天啊，这是什么臭味？"

我换上了最旧的衣服，戴上口罩、乳胶手套，拿着几个五加仑容量的水桶、一个铲子和大量的漂白剂，爬回了房屋的底部。作为屋主，在过去的十五年内我处理过大量令人厌恶的混乱状况，多数都是清理堵塞的下水管。但是这一次，是我亲自做过的最肮脏、最恶心的工作。即使我系紧了口罩，也无法阻挡强烈的臭味，想要呕吐的冲动只减轻了一点点。

我就在屋子的下面，用双手把肮脏的污泥舀进桶里，一边咒骂着一边恶心得要窒息了，不停骂自己怎么这么傻。大约在我第三次带着装满的桶爬出屋底时，我抬头看到了贾思帕。他已经换上了破旧的牛仔裤，脚上是一双明显过小的破洞网球鞋，脚趾甚至都露了出来，他用一条红色的大方巾遮住口鼻，戴着一双皮质工作手套。他手上拿着桶，脸上的表情混合着坚定的决心和绝对的厌恶。他那时十一岁。

"我能做什么？"他问到。

太阳已经开始落山，臭味依然弥漫在整个房间内，即使我内心充满了厌恶，我记得我停下了动作然后疑惑地看着他。尽管我非常需要帮助，但我不想让他参与进来。

"你需要一个呼吸器。"片刻之后我告诉他，"但我们只有一个。不管怎样，谢谢。"

我终于清理干净了所有的污泥。然后我和凯琳、贾思帕一起，把这个箱子从屋底尽可能拖到了离我们最远的丛林中，这个箱子起码有五百磅重。第二天早上五点半，我在屋外挖了一条通向老旧污水池的沟渠，然后我们长途跋涉去了科纳岛上的家得宝家居用品商店。经过漫长的一天，最终房屋里安装了全新的老式厕所。

然后我烧掉了这次穿的衣服和鞋子。

这整件事都很恶心、代价昂贵并且十分令人尴尬。但我不愿意放弃这件事。贾思帕站在夕阳中、嘴被一块大方巾遮住、脸上混杂着恶心和骄傲的形象在我心中留下了不可磨灭的印象。我永远也无法忘记。

那一刻，我心中无法成为儿子的父亲这种本能的恐惧感就像阳光下的黄油一样融化了，我知道自己做了一件非常正确的事。我知道我可以依靠儿子的帮助，但更重要的是，他流露出的情感使我感到安心。因为在那一晚，促使他前来帮助我的不是愧疚感，不是恐惧感，也不是加尔文式的责任感，而是他真诚的爱。

不用说，在我十一岁时，一队骡子也不能拽我去帮你清理污水。但贾思帕在我没有要求的情况下，主动帮助我。

为什么？我和他有哪些不同？

过去的五十年中，有关父亲的文化发生了翻天覆地的变化。我小的时候，被大家所接受的社会智慧是孩子就像牛奶，很容易会变质。言下之意，那时的教育理念就是要严格遵守基督教有关原罪的教义。你会假设，如果没有你的监督，我会变得懒惰，拒绝工作，对受教育不感兴趣。你的责任——不，你神圣的职责——就是要培养我，让我做事，教我服从和尊重。总而言之，使我成长为一个男人。

考虑到我的行为，这一定是一件漫长而又艰难的任务。

但我和凯琳采取了完全相反的教育方法。我们尽可能地根据原始完美的教义来培养贾思帕和凯特琳。我们试图假设他们生来就是完美的，作为父母，我们要尽量减少对他们的改变，但同时也要防止他们在奥特莱斯里拔刀或者一头闯到路中央——这是贾思帕小时最想做的事情。

我希望能说，我们选择这种教育观是出于清晰的认知，然而我认为，这只是针对我们的过去和一些其他因素做出的反应。正如你决定不再生活在你父亲的阴影中，我和凯琳也拒绝以你的方式养育我们的孩子。

　　这种教育观所导致的结果也许与直觉相反。虽然我没有强迫贾思帕去做事，但只要我在做事，贾思帕都想要帮忙。在离开了企业生活之后，我幸运地拥有了大量时间与家人在一起。特别是在夏威夷时，我做了大量的体力劳动：电工、管道工、挖沟渠、施工。贾思帕通常与我在一起。刚开始的几年中，他的"帮助"通常意味着我需要花三倍的时间来完成各种事情。我记得你过去经常对我说，"如果一件事的开头并不顺利，我会要求你停止。"我也经常对贾思帕说这句话，但只要有可能，我都尽量让他"帮忙"。现在他是个青少年了（比我还高），我的投资毫无疑问获得了丰厚的回报。他很强壮，乐于助人，并且十分有能力。他经常自愿向我提供帮助。几乎在任何情况下，和他一起都使我的工作更加简单，最棒的是，更有乐趣。

　　根据贾思帕和厕所的故事来看，困扰我多年的我们之间冲突的本质似乎很奇怪。我们的冲突——从我小时鸡蛋的故事一直到前一段时间在帕斯奎尔的争吵——实际上都不是关于做事，而是关于权力。我们争吵不是因为我不懂如何做事，甚至也不是因为我根本不想做，而是因为你强迫我做我根本不想做的事情。

　　我从贾思帕身上发现了亲密和权力的反比关系。如果我强迫他去做事，我和他就会变成敌人，就像曾经的我和你。但一起做事使我和贾思帕成为朋友——分担工作变成了分享亲密。我想这也许是我作为父亲学到的最重要的一课：没有什么比权力的施展更能腐蚀亲密感，也没有什么比相互尊重更有利于父母和孩子建立友谊。

　　回顾过去，我不禁想到，如果当初我们能发现冲突的本质，改变使我们疏远的权力会是一件多么容易的事。我当时多么想要在你身旁，与你亲近。我想你也会愿意付出任何代价拥有一个可爱的、听话的儿子。我多么希望，我们两人之间可以这样。

第四部分
回家

Prodigal

Father

Wayward

Son

成为父子: 爱的和解之旅

英雄与"父亲"的角色是相反的。

父亲必须被打败、说服,

他的要求必须被实现。

最终,无论用什么方法,

两人间的困难关系都必须要得到改善。

第二十八章 建造房屋

自由的灵魂需要居所。

——桑铎·麦克纳博

山姆：在我五十岁时，我已经在十二个州定居过，也住过数不清的房屋。我已经成为一个永远在路上的人——居无定所、不得安宁、没有自己的家。

渴望安宁的心情慢慢浮现，一开始，我拒绝这种改变。这似乎是对我年轻时梦想的背叛以及对晚年舒适的妥协。然而，当我驶入加利福尼亚州索诺玛市的一个小镇时，似曾相识的感觉涌上心头，一切都改变了。当我回到家时，我给在索诺玛市的一位常住居民打电话，问她是否知道索诺玛市哪里有房屋出租。

"我知道有一位本笃会修士在山里拥有一百二十英亩的土地，他要出售一半面积来支撑他的隐士生活。"

穿过天空农场的大门，我像是来到了香格里拉。小小的山谷被高山围绕，远离索诺玛市的喧嚣，仿佛这里不是加利福尼亚州，而是怀俄明州中部的某个地方。这里丘陵起伏、荒无人烟，没有电力、电话和道路。两条河流上都没有桥，周围的邻居只有野火鸡、野狼和山猫。这片土地像是几十年都没有人居住过，已经回归了凌乱的原始样貌。我立刻决定，这里就是我即将安定下来的地方。

邓斯坦神父是这片土地的主人，我接受了他开出的价格。我计划从缪尔沙滩搬来这里，因为我无法再忍受缪尔沙滩那潮湿、发霉、多雾的冬天。我开始与索诺玛当地的政府官员协商，想要获得分割土地和建造我的梦想房屋的许可。大约一年后，在政府官员一点点的让步之下，我终于成为这座农场的主人。这座农场距离索诺玛市中心大约三英里，占地六十英亩，美丽的土地上长满了青草、橡树和月桂树。

在漫无止境的等待建筑许可之后，我决定不再继续等待，我要立刻开工。我的理由是：就算我没有官方建筑许可证，那些互相吹捧、犹豫不决、整天埋头在公文里的政府官员能说什么？难道让我"把屋子推倒"吗？我现在最需要的是一个知道如何建造房屋的人。

我的儿子怎么样？

吉福德："我很抱歉，父亲。"我记得我这样在电话里对你说，"但我不能去你那里待四个月，我手头还有很多事情。"

这并不是全部的事实，但离开新墨西哥州、去加利福尼亚州为你工作的想法似乎充满危险。然后电话里是漫长的沉默，只听见沙沙的电流声，有那么一瞬间，我以为你已经挂电话了。

"吉福德，没有别人能帮我了。"你说，"儿子，我真的需要你的帮助。"

你声音中的某种东西引起了我的注意，那是我不曾熟悉的语气。而你的请求本身也是史无前例的。以前我从未听到过你向别人求助——尤其是我。然后是更长时间的沉默。你在电话那头等待的时候，我试图理解现在的状况——你正处于艰难的困境，并且在向我求助。

"好吧。"我说，"我下周飞去你那里。"

山姆：我急切地盼望着你的到来，也意识到了自己矛盾的情绪。我们能和睦相处、没有争吵吗？现在我们的角色转换了，你成了工头而我是工人，我们过去的仇恨会以全新的方式出现吗？

吉福德：几天之后，在11月一个结霜的清晨，我站在地基和一片还未完工的地板旁，腰间围绕着一条工具皮带，浮现出困惑的表情。我带着工具是因为，我准备帮你建造新房屋，而我的困惑则是，由于某人已经建成的四分之一的地板被摆放得歪七扭八，胶合板完全没有与楼板龙骨对齐。这片地板必须被拆掉重做。

你雇用了一个合同工，我们给他取绰号叫"马拉德①"。所以一开始，我根本不明白你为什么说你需要我。过去的七年里，我断断续续地做过木匠，也是一个杰出的筹划者。但我很快意识到，马拉德不仅只是水平一般的建筑工，而且是非常糟糕的艺术家，甚至一点也不正直。就

---

① 马拉德为音译，英文"Mallard"，意为野鸭。——译者注

在第一天，当我一边咒骂一边切割胶合板时，他却去了市里，表面上是去买一些原材料，但实际上一整天都没有回来。很久之后我们才发现，他不仅同时进行着另外两份工作（他并没有向你说明这个事实），在工作时间上还偷工减料。你们的合同上表明，他需要每周工作四十个小时，但是他在工地上的时间通常不满三十个小时，真正工作的时间就更少了。

团队里的另外一位成员是马拉德的女婿，名叫本，是一个讨厌的人。原来他是一家软饮公司的会计，最近被解雇了。他大约三十多岁，体形肥胖，身体状况不佳，完全没有建筑工地的经验。与其说他缺乏建筑天分，不如说他天生缺乏工作热情和职业道德。他总是发牢骚、抱怨、装病逃避工作，我完全无法忍受他。

在我到达了三个星期后的某一天，这个愚蠢的笨蛋径直地走向一根墙柱，额头猛然撞了上去。经过大概半个小时（而不是三十秒）的恢复之后，他说："还好我撞上去的时候不是在跑。"

我回答道："在什么情况下，你能跑着撞上柱子？"

这大概能概括我和他的关系吧。

简单来说，在第一天我拆除地板、将地板龙骨间的干胶凿开，而本只是坐在一旁抱怨时，我就已经明白了，你为什么需要帮助。

山姆： 在接下来的几周里，墙壁的框架终于被竖立起来，一个用小木棍搭建的脆弱城堡模型给了我们房屋布局的灵感。然后就是重要的一天——搭建屋脊梁。这不可避免地成为神圣仪式的灵魂工程——就好像老式的谷仓聚会。两根支撑房顶的巨大胶合梁非常沉重，每个都有三十二英寸长、二十二英寸高、五英寸宽。我们需要十个人把它们举起十六英尺高，然后放进墙上事先规划好的卡槽里，以保证它们不会倒塌。

前来帮忙的有我们的六个朋友，再加上邻居们，一共十人，这其中并不包括马拉德和他的女婿，因为我们并不喜欢他们。整个白天我和你都在指挥小队把胶合梁小心翼翼地举起，然后正确地放进预先指定的位置。夜幕降临之时，我们终于完工了，于是我们打开啤酒，开始庆祝。

后来你提醒我，我们本可以租一台起重机，这样我们安全地举起屋脊梁十次都没问题。你（过去和现在都）怀疑我是故意想要自己动手完成这史诗般困难的挑战。的确是这样，我很高兴我们以原始的方式完成了这项工作，因为没有什么比请邻居帮忙建造房屋更能将社区团结起来。

吉福德：我认为一开始时你很难会信任我。毕竟我们关于工作的交流一直以来都障碍重重，在工作上你从不把我看作一个成年人。但你的态度转变得很快。当你向我展示马拉德第一周的工作时间时，我就意识到他在欺骗你。之后，我一直记录他的工作时间，并且坚持让本（建筑技巧最差并且工资最低的人），而不是马拉德，去镇上购买原材料。

我努力干活，每天早上七点前就到建筑工地，一直工作到下午五点半，所以虽然有一些困难，但我们最后都取得了相当好的进展。（尽管团队里有三个人，但我似乎一个人做了四分之三的活儿。）

你很快便意识到，我知道自己在做什么。所以，在我们打好墙壁的框架、竖立起屋脊梁之后，在温暖愉快的一天，你解雇了马拉德。他收

拾好随身物品，带着本一起离开了。突然间，我成了工头。

　　山姆： 又过了几个星期，我们的角色愈发明确，我是工人而你成了工头。我们一起工作，不但没有冲突，反而更加欣赏对方。我作为承包商最重要的工作就是使用我的讨价还价的技巧购买必要的原材料、把它们运送到建筑工地并且使负责管道系统和电工线路的分包公司在我们需要的时候出现。如果他们早来一天，我们还没有准备好；如果他们晚来一天，我们就要踏过满地的积水。

　　当我不需要使用我作为原料主管和工薪出纳员的高级技巧，也不需要配合索诺玛县的检察员时，我就作为一个木匠学徒，负责剥落地板、壁板和屋顶板上大量的钉子，然而你并不信任我去做一些需要准确测量或美观接缝的工作。此外，我还是负责清扫的人。我一直都觉得，在我们结束每天的工作后，你总是怀着一种邪恶的愉悦感，指使我在第二天清晨之前将工地打扫干净。我想，我们都很感谢这种讽刺的情况，我专心做好工作，没有向你抱怨；而你也注意不批评我的表现。多么巨大的转变！

　　吉福德： 在马拉德离开之后，我雇用了一些瘾君子来做木工，他们是我朋友的朋友。事实上，他们来到之后做了非常漂亮的工作。所以房屋的建筑工作进展得十分顺利，而接下来几周中发生的事情也并不是那么不可思议。我们相处得很好。我们没有吵架，也没有动手，甚至意见也没有分歧。我不记得我感到过怨恨、愤怒或是挖苦，一次也没有。这特别值得注意，因为我们陷入一种陌生的、具有潜在爆炸性的复杂的权力关系中。

一方面，我是工头，而你是工人。这意味着你不仅要做我让你做的事情，并且作为最缺乏技术的工人，你经常要做许多十分低端的工作。当我让你一个星期都站在十五英尺高的脚手架上，一直仰着头给天花板横梁打砂和染色时，你甚至都没有抱怨（好吧，没有太抱怨）。

另一方面，你是房屋的主人、付钱者和最大的老板。你最后在支票上签字，并且为房屋的设计拍板做决定。客厅的主立柱旁有两扇狭窄的窗户，你曾一度让我反复修改窗户的尺寸。大概有三四次，每次都把窗户改大了一些。这就意味着每一次都要拆下窗户的框架重新制作。这样的决定经常会引起工人们的嘲笑。

但不知为什么，我一点也不会嘲笑你。真的。

现在回想起来，我依然很吃惊当时我们可以那么融洽地工作，获得了那么多的乐趣，创造了那么轻松愉悦的气氛。在建那所房子之前，我们常常争吵，有时甚至非常痛苦。十年后，当我追求个人事业、养家糊口时，我们曾经的冲突依然潜伏在表面的和睦之下，随时可能爆发。但是在那神奇的几个月里，我们超越了以往的交流模式。因此，我们尽情享受彼此的陪伴，沉迷于共事的美妙之中——就像父亲和儿子一样，这是我们未曾有过的经历。

山姆：关于我们一起建造房屋的过程，我最生动的回忆之一是在某一天山雨欲来之时，我们疯狂地把那块六米长、两米宽、采用凹槽设计的天花板装上，然后用防水布把整块木板遮起来，防止雨水摧毁我们的心血。之前几个星期的天气都非常理想，但是现在狂风肆虐，乌云密布。天气预报显示将有大雨，很明显，傍晚时分暴风雨就会降临。风势越来越强劲，似乎下一秒防水布就会变成风筝随风而去。

几个小时里，我们都以一种相同的频率和完美的同步动作尽可能地加快工作速度。汗水不停滴落，四只手的动作只有一个目标。展开一码防水布，把它钉在木板上，再展开另一码防水布，继续钉在木板上，我们不停地重复这一系列的动作。我们就像两个芭蕾舞蹈演员，正在进行一场不曾精心设计的表演。而其中最戏剧的部分就是，这两个演员正身处光秃秃的舞台，被雷电所包围，这不禁使人想起瓦格纳的歌剧《女武神的骑行》（*Ride of the Valkyries*）中电闪雷鸣的片段。有那么一刻，我看向你，心中充满感激与骄傲。你是如此完美，我们的配合也是如此完美。直到现在我仍然能感受到在当天释放出的完美。作为父子，我们紧密联系起来，这对我们两人来说都是一场父子关系的启蒙仪式。

很明显，宇宙大舞台的指挥者非常警觉，就在我们用防水布遮上最后一块木板时，第一滴雨水落了下来，一开始雨势不大，但是很快就伴随着电闪雷鸣发展成为倾盆大雨。我们退至屋里，安静地坐了很久，聆听雨水打在新屋顶上的声音。

如今，二十五年过去了，每当疾风骤雨像狂野的女妖席卷山谷，我的房屋像惊涛骇浪中的小船一样咯吱作响时，我就安然地坐在卧室中，回想起我们经历的那么多暴风雨，自信地知道，我们一起建造的房屋会坚强地挺过一切。我住在这座圣殿中的每一天，都对你心怀感激。因为你永远是我生命的组成部分——吾血之血，吾骨之骨。你是唯一可以帮助我设计房屋的人，你帮助了一位浪荡不羁的父亲回归家庭。

谢谢你，我的儿子。

第二十九章 诉讼时效

犯错者为人，谅错者为神。

——亚历山大·蒲柏

山姆：一切发生得如此迅速，我们的改变发生在一瞬间。

事情的开端是我和妻子帕特丽夏前往伊朗进行一次公民的外交之旅，与伊朗的漫画家们一起探讨政治化的艺术是如何剥夺敌人的人性的。我们在伊朗的卡通城堡进行了一次初步的会面之后，决定在接下来的周末进行进一步的讨论。然而，当我们到达见面地点时，政府管理员告诉我们，这些漫画家不在城里。全部都不在吗？是的，都不在。

当这件事发生时，一位穆斯林传教士，同时也是一所大学的法学教授，正好有空与我们共进午餐。于是，我们在一家迷人的户外咖啡厅见面，一聊就是好几个小时。当我们离开的时候，我甚至没有发觉自己的腿都坐麻了。当我起身试图把全身的重量放在腿上时，我的腿僵住了，我的身体不受控制地向前倒，先是头撞在了咖啡厅旁的铁栏杆上，之后我翻了个身，头向下又撞在了四英尺下面的石地板上。我听到沉闷的

"咚"的一声，就像一颗熟透的哈密瓜砸在地上，我知道自己有麻烦了。我记得接下来我蜷缩着躺在地板上，擦去流过眼睛的血。邻座一位正在享用午餐的整形医生帮我找到了离我们最近的急救室，不到一个小时，我就接受了CT扫描，我的伤口被缝合，我的头被一条网纱质的长头巾包裹起来，周围的人都说，我这趟旅行真是太值了。

尽管我看起来像一个僵尸，头也隐隐作痛，但我回家时一切似乎都非常正常。然而，三个星期之后，我重新开始了高空秋千训练，我发现，每当我落入下方的安全网时，我脑袋的左半部就会感到疼痛。在帕特丽夏的坚持下，我去咨询了医生。帕特丽夏决定让我再做一次脑部CT扫描。半小时后，她拿着一张扫描底片回来了。底片上显示，我的脑部有一团阴影，就像堪萨斯上空聚拢的乌云。她向我宣布："你有一块相当大的硬脑膜下血肿。"这听起来很危险，但是当我听到她说，医生会使用类固醇类药物进行治疗来试图消解肿块时，我就放心了。我拿着药瓶回家，静候痊愈的喜讯。

两周之后，我进行了一次复查，我的病情几乎没有好转。从医院出来，我和帕特丽夏前往一家小咖啡厅吃午餐，但是当我们等待食物时，我翻开当地的新闻报纸，发现我无法阅读。我盯着报纸上打印的字样，却无法理解它们的含义。我含混地告诉帕特丽夏，我们必须返回医院。医生十分震惊这一突变，他安排了一辆救护车，把我送到了医院的神经学部门进行手术。

晚上十一点，我被推入手术室。这次手术要切除我大脑中的一块半枚美元大小的部位，以便排去瘀血。显然，这次手术并不成功，接下来

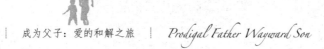

的几天中，我又进行了两次手术。

　　除去一次莫名其妙的偏执症发作，大部分时间我都保持着令人惊讶的平静。第二次手术之后，我陷入了偏执妄想的状态，我坚信，医院就是监狱。于是我决定逃狱。我拔下了胳膊上的静脉点滴，抓过拐杖当作武器，冲出了病房。当只穿着内裤的我刚跑下四级台阶时，两位身强力壮的男护士就已经在我身后紧追不舍。很快，他们抓住了我，把我送回了自己的病房，还把我的胳膊和腿绑了起来，防止我再度逃跑。早上五点时，我突然发现，我的手机就放在床单下面，触手可及。我设法用一根指头拨通了帕特丽夏的电话。

　　当她接起电话时，我问道："亲爱的，我是在医院里吗？"

　　"是的，没错。"

　　当我向她解释昨晚发生的事情时，我意识到，我之前是偏执症发作了。我曾经在斯普林格鲁夫州立医院参加政府支持的致幻剂研究时体验过这种状态。一旦确定了自己的精神状态，我就开始恢复正常。

　　帕特丽夏就住在附近的宾馆里。五分钟后，她非常气愤地冲进病房，要求护士长联系我的外科医生，查明我服用的究竟是什么药物。

　　这个充满疑问的药物是地塞米松，通常被用于控制脑部水肿。帕特丽夏拿出她的平板电脑，几分钟内就查到了一大长串有关这个药物使用的警告和可怕的副作用列表。在各种各样灾难后果的列表中，我们发现了这一条"可能导致严重的偏执症"。即便我再头脑不清醒，我也知道我之前经历的正是偏执症，主治医师也同意了暂停使用这种药物。

　　那时我已经进行了三场手术，最后的一个小手术是插入排血导管。

我一反常态地在整个过程中都非常冷静，虽然时常感到困倦但并不紧张。帮助我保持客观冷静的是我在博物馆里看到的印加人头骨。有的头骨上有四五个钻孔，据说是为了净化恶魔之力，事实证明他们都活了下来。如果他们能成功地在这场"小手术"中生存下来，那么我非常自信我也可以。感谢上帝，第二天早上我醒来的时候，环绕在我脖子上的排血管是空的。脑内的流血已经停止了。

目前看来，我的病情已经好转，可以随时出院。怀着平静的喜悦，我们挤进汽车，回到了旧金山伯克利地区，面对的是成堆的祝贺我康复的卡片、砂锅菜、蛋糕以及两条手工制成的针织软毛毯。

吉福德： 那是2008年6月24日的大清早，当我所乘坐的飞机刚刚降落在达拉斯市时，我第一次知道你正在承受脑出血的折磨，而且已经进行了两次手术。之前的两周里，我们全家正在墨西哥的萨卡特卡斯，与当地的一家居民住在一起，每天学习八小时的西语。这不重要，重要的是我的手机在墨西哥无法使用，直到我们返回达拉斯，我才能够收到短信。

我收到了四条来自你的语音信息，最后一条中你说，你已经进行了第二次脑部手术，但收效甚微。四周都是机场嘈杂的喧闹声，你的声音通过手机扬声器微弱地传入我的耳朵，显得那么含糊和虚弱。但是你向我保证，你的情况很好，我不用担心。

好吧，就是这样。

我非常想要前往旧金山湾区，但你阻止了我。你不想让我陪伴你，这种想法让我有些悲伤。几天后你又进行了一次手术——以我的理解来说，他们要在你的脑袋上钻几个洞来缓解脑内压力——但是你说，这不算什么。不需要担心。

接下来的一周，你告诉我你可能要接受另一次非常重要的手术——开颅手术。在这次手术中，他们会使用医学版线锯切除你脑中拳头大小的肿块，这样他们才能对你脑内那根持续流血的可恶血管进行灼烧止血。

自从我在达拉斯听到你的声音之后，我一直非常担心，不知道能为你做什么。当我听到你可能进行开颅手术时，我害怕你会因此死去，如果我不去陪伴你的话，我一辈子都不会原谅自己。我必须见到你。

7月17日的早上八点，我到达了旧金山。我租了辆车，在上班的高峰期想方设法穿过了海湾大桥，进入了伯克利。你让我不要太早到达你们的住处，所以我在附近停了一会儿，找个地方吃早餐。早餐吃到一半时，我的电话响了。

打来电话的是帕特丽夏。她说你的状况突然恶化，必须马上送医院。我往桌上丢下二十美元就跑出了餐厅，闯了数十个红灯，到达了帕特丽夏位于伯克利山庄的住处。我冲进房屋，帮助你坐进汽车，然后出发前往医院。

接下来的一个半小时里，我坐在你亮红色的普锐斯汽车的后座上，跟你随意闲聊着，并且试图不要盯着你的脑袋。医生已经剃掉了你一边的头发，做完手术后，他们使用了将近二十个亮银色的医用缝合钉缝合你的伤口，那看起来就像我曾经使用射钉枪固定壁板时留下的半英寸长的U形钉造型。你就像是《弗兰肯斯坦》（*Frankenstein*）里怪物的滑稽版。除此之外，你和正常人并无不同。事实上，你比平时显得更加轻松，而且你在途中一直安慰帕特丽夏，告诉她不要担心，在拥挤的高速公路中为她指路，不停轻拍着她的膝盖。

当我们到达医院的时候，帕特丽夏让我们先下车，她去寻找停车的地方。我们慢慢走进等待室，你显得非常轻松自在。你与护士们开玩笑。你行动自如，谈吐清晰，心情似乎不错。我开始怀疑我们到底来医院要做什么。最后他们用手术床推着你进入楼下的大厅，最后为你进行一系列的CT扫描。

大约一个小时之后，医生出现了。帕特丽夏问他今天是否可以进行开颅手术，医生说当然可以。这是最终的解决方法。但他看起来一点也不着急，所以我开始问问题：

这种脑出血是否经常能自己痊愈？（大多数时候都可以。）

推迟手术的风险高吗？（很低。）

那么手术的风险高吗？（手术很安全，但是你永远不知道，你切开一个人的脑袋时会发生什么。）

如果确诊的人是你的父亲，你会怎么做？（我当然会继续等等看。）

那一天，我们没有进行开颅手术，我松了一口气，帕特丽夏十分紧张，而你看起来几乎是冷漠的：你不关心手术，即使不做手术就回家，你也泰然自若。你曾经非常害怕死亡，下定决心绝不温柔地走入良夜。我被你如今的表现震惊了，因为你的冷静和淡然而对你刮目相看。

我在帕特丽夏的位于伯克利地区的房屋中陌生的床上度过了焦躁不安的一晚，第二天清晨，我到客厅开始沉思。半小时后你出现了，笨拙地走下楼梯，像是从僵尸电影中走出的角色，但你的精神很不错。我们交谈了几分钟，在这期间，你泡茶、烤面包片，然后把它们一起放在一个小托盘里，这样你可以为你还在床上的妻子送去早餐。

"这对帕特丽夏来说太艰难了。"你一边走上楼梯，试图保持着小托盘的平衡，一边回头对我说到。我很惊讶，同时也很生气。我想，为什么不是她为你泡茶？

接下来的几天，我的怀疑不断增加。房屋里的电话似乎每小时都会响四次，你的手机也非常频繁地响起，总是把你吵醒。一天中不断地有人进进出出这个房屋，大多数人都是帕特丽夏所在的礼拜会的成员。他们会带来食物、美好的祝愿或者只是顺便拜访以表达他们的支持，你总是会慢慢地下床，走下楼梯跟他们打招呼。这是一座社交之城。

每天早上你都会早起，然后重复着为帕特丽夏送去早餐的仪式。每天下午，我会开车带你到附近的瓷砖公园，陪你沿着公园里的防火林道散步。大概在第三天，我实在无法忍受下去了。

"你不应该待在伯克利了。"我告诉你，"我们应该去索诺玛的农庄居住，这样你能被平静和美景所包围，你可以好好休息、放松。"

"不。"你对我说，"帕特丽夏现在需要那些支持她的朋友们。住在索诺玛对她来说太难了。"

"你才是需要做脑部手术的人！"我忍不住大喊了出来，"你应该休养疗伤。但是电话一直在响，那些人无论白天还是晚上都在不停地进出，你甚至都没法好好打个盹儿。"

你没有生气，甚至没有为自己辩护。你在小路的中间停了下来，怔怔地注视着我。然后你对我说："帕特丽夏非常担心我的病情，我愿意做任何我能做到的事让她生活得更轻松。这是我的想法，也是我的决定，请你尊重我。"

这便是我们谈话的结束。面对这些语言，我还能说什么呢？接下来的几天里，我反复考虑这个问题。我深深地为你感到担心。你不能很好地照顾自己，你牺牲你的幸福，冒着无法康复的危险，就是为了鼓励帕特丽夏。这是我的所见所闻。我很想让她自己早起去泡茶、挂掉墙上的电话、紧闭大门、拒绝访客。我想要不管不顾地带你到索诺玛农庄，强制你卧床静养，喂你喝下鸡汤和薄荷茶。

有那么一两次，当我们一起散步时，我试图重新提起这个话题，但你非常清晰地表明了你的想法。最终，我不得不接受你的决定。我仍然认为你是个疯子，但你是个成人，完全能够为你自己的决定负责，也十分清楚你想要的究竟是什么。

接下来的一周里，当我们等待你下一次与医生的预约，当帕特丽夏忙于她的教会事务时，只要你想，我就会跟你一起活动——聊天、进餐、午后散步等。当帕特丽夏在家的时候，我就会出门进行长距离的远足旅行，这样你们就可以互相陪伴。我没有完全放弃我的计划，我只是在偷偷地进行。当你小憩时，我会偷偷跑上楼，关掉你的手机。我与前来拜访的教区居民们在大门口交谈，有礼貌地感谢他们带来的美味食物，然后告诉他们，你正在休息。

说来也奇怪，当我放弃了关于你应该怎么做的想法，转而竭尽全力

帮助你在你选择的道路上前行时，我有了令人惊奇的发现。

在很多基础的层面上，我们都非常不同。

现在回想起来，这个现象是非常明显的，也几乎是不重要的。比如，如果你问我："你过去是怎么想的？"我会想都不想便给出答案，"在一些重要的方面，我就像我的父亲一样。"但是不知为什么，我没有经过验证就接受了这个假设。一旦我认识到我们之间是如此的不同，我开始更加仔细地观察你。我不仅不再以"你的动机和我一样，我们是相似的"这个想法来假设我理解你的行为，反而得出一个结论，从某种程度来说，我完全不了解你，甚至更深刻地说，我从未了解过你。

这个发现并没有导致疏离感，反而为我开创了全新的世界。之后的几天里，我终于清楚地看到了帕特丽夏是怎样为你带来快乐的。我之前怎么就没有注意到呢？我慢慢发觉，你真心希望那些人在白天或是晚上的任何时间打来电话，这对帕特丽夏来说是多大的支持和鼓励，对你来说就是多大的安慰。你把茶送到你妻子床前的这一行为，对你来说是生活的常态，至少你做这些不仅是为了她，也是为了你自己。

然而，与我内心发生的巨大转变相比，这些发现微不足道。

山姆：在我又一次去拜访医生的前两天，我们一起去瓷砖公园散步，开颅手术的阴影依然笼罩着我们。那是一个暖和的日子，一条平坦的小路在两侧高大桉树的树荫里沿着陡峭的山坡蜿蜒盘旋。我们悠闲地在小路上走着，一开始谈论了一些不太重要的事情，直到我们再无话题，陷入了沉默之中。数年的误会、交织的爱恨以及帕斯奎尔那次争吵的阴影不断累积，使我们不愿谈论彼此强烈的感情。

我一直记得，你的话语像闪电一样，划破沉寂的瞬间，那一刻，我仿佛领悟到了什么。

你说："父亲，我必须要说：无论我过去如何控诉你，诉讼时效已经过期了。一切都过去了。"

过了片刻，我才理解我刚才究竟听到了什么，然后一股感激之情从我内心的最深处汹涌而出。我不敢想象，有一天我能从你口中听到宽恕的话语。我能想到的唯一符合我心情的词语就是几个古老的宗教词汇：回转、重生、治愈。我就像一位被宽恕的罪徒。浪荡不羁的父亲在儿子的欢迎下，终于归家。

长久以来，一直都有一些古老的秘密和伤害使我无法接受别人的宽恕和恩慈。我永远无法向你坦白我全部的背叛和羞愧。我的思绪突然回到四十年前，我永远无法原谅自己在那时对你的背叛和遗弃。那一天，我和希瑟站在拉荷亚海滩上讨论你的未来。我们同意利尔和希瑟留在普利斯考特一起生活。但你的去处是个问题。

"你必须带上他。"希瑟说，"我不知道要怎样管教他。他需要父亲！"

"不行！"我回答道，"我和她在德尔玛住的是一居室公寓，没有地方给他住。"

那时我认为你是个负担，你站在我追求幸福的道路上，阻碍我前进。

我从不回顾这个场景，也不告诉其他人这件事，因为这会使我被迫面对内心的羞愧。我抛弃了你，我现在仍为此背负歉疚的重担。我强迫自己对羞愧感和悲伤感无动于衷，因为我不想承认，我的孤独是我咎由

自取。现在，你忽然间单方面地宣布，一切都过去了。

在你逐渐成长为男人而我慢慢老去的这些日子里，我经常发现，自己又回到了当初的那一天，我和希瑟坐在海边的礁石上，海浪在我们四周拍击着岩石。但这一次，我想象着自己会说："我会想办法解决的，我想要我的儿子和我住在一起。"

吉福德：就这样，三十五年的惭愧和责备消散无踪。正如佛教徒所说："摆脱了的业力不会再回来。"最奇怪的是，我事先没有想过要这样做，这并不是我的计划。正如许多擦肩而过的瞬间，这件事在当时并没有引起我的注意。直到后来我才理解，那一天我们所作所为的重要意义。

最终，你并没有进行开颅手术。当我们得知你将要痊愈时，帕特丽夏同意我带你到索诺玛农庄住几天——只有我们两个人。这标志着帕特丽夏对我的信任，也是我与她和好的标志。我们共同度过了美妙的时光，我们一起去广场上品尝泰国菜，在走廊里闲聊消磨时间。又过了几天，你的病情已经明显好转，于是我返回了圣塔菲。

我想，有时知晓一个人被高估，并且只能接受我们之前并不知道这一点，这种矛盾使我们能够更深入地了解对方的灵魂。直到我放弃了对曾经的你的偏见，我才能张开双眼看到真正的你。

许多年来，我为你如何对待幼时的我心怀悲伤，而悲伤的根源是因为我完全不能接受你的所作所为。我以我自己的价值观判断你的行为，然后发现它们是不可原谅的。我从来没有想过，也许你的价值观、你的处境和你的思想会与我有所不同。

再说一次，回顾过去我们会觉得这是很明显的事，然而在当时看来，这是最大的发现。

当我看到了你与我的不同之时，我好似卸下了千斤重担。我从来都不理解你的行为，也许我永远都不会理解。忽然间，过去那些扭曲的情感看起来非常愚蠢——你不是那样的人，现在不是，也许从来都不是。

只有通过这个幡然醒悟的过程，我才能明白这一点。

山姆：接下来的几周里，我们经历了破茧成蝶的巨大变化。

抛开曾经的观念，我们越交谈，就越发现任何事情我们都可以拿来讨论。我们对彼此都能做到实事求是，坦诚相待，这是全新的体验。于是我们决定，用为彼此写信的方式来探索那些我们没有向对方讲述的经历。

于是就有了这本书。

第三十章 愧疚、悲伤与宽恕

宽恕是爱的最终形态。

——雷茵霍尔德·尼布尔

吉福德：早些年间，我们的关系就像是越南战争。你是美军，我根本无法和你的军力相匹敌——我轻易地就会被你压制。你那犀利尖锐的智慧就如同一架武装直升机，我想都别想站在地面上与你抗衡。当我试图藏身战壕时，你搬出了正义和权威的重炮。而在其余的一切都失败了之后，你又用狂怒的凝固汽油弹将我在丛林中的避难所化为焦土。

然而我是越共。你永远不能牵制我或是把我斩草除根。我挖下诡计的深坑诱你跌落，在地里插下懒惰的尖竹钉刺。我在你的必经之路上埋下诈病和怠惰的地雷，等待着你摇摇欲坠的大男子形象被我的缺乏教养炸得粉碎。我暗暗渗入你心中的避风港，让负罪感击垮你所相信的那仅有的一隅安稳。

这种你来我往的周旋状态创造出了一种自我维持的、反响消极的循环，在这种状态中的我们，长期对彼此都并无好感。你我都觉得，自己是这场斗争的受害者，而这正是导致这场暴行不断升级的理由——从我们双方的角度都是。

从这个角度来说，我们很难弄清楚，究竟谁应该负更多的责任，或是谁更清白无辜。但显而易见的是，这个反响消极的循环仍在继续，每一方都要继续扮演自己的角色。倘若我们任何一方意识到了这个循环并且拒绝参与其中，打破这个模式就会变得相对容易。

但就像我们一直重复的说法，你是邪恶的侵略者而我是无辜的受害者。一直以来，我们对这个说辞熟悉已久，以至于它遁形于我们的内心，却依旧发挥着巨大的力量影响着我们。它仿佛一个黑洞，那奇点的引力逐渐变得强烈到让光都无力逃脱，而它变得不再可见，只借由那厚重的密度和难以穿透的无形揭示着它的存在。

然而，回看我们的争斗，很明显，这些年中我一直是个货真价实的糟糕孩子。你的爆发不是随意的或是无缘无故的。它们不是你单方面做出的毫无根据的残忍行为，而是呈螺旋状持续增加的怨恨所产生的不可避免的结果，你我都参与其中，负相同的责任。

昨天早上，我去贾斯帕的房间向他道早安，他正坐在床上玩电子游戏。看到我，他从床上跳了下来，张开双臂给了我一个大大的拥抱，说道："我好爱你，老爸。你是最棒的。"天啊，那就像是一千瓦的灯泡照亮了我的世界。我从儿子那里得到的深情和仰慕，是我所知道的最甜美幸福的东西之一。

我却从没将那给过你。

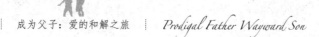
在我长大成人的整个时间里，甚至在你们离婚之前和很久之后，我都在批判你、嘲笑你、指控你的假仁假义。我抑制着爱意，也拒绝承认对你的赞许。为此我感到了挥散不去的悲伤。现在我知道了，这伤你有多深。

或许你并不这么认为。

直到我们交换信件的行文接近尾声，直到陈旧的伤口开始结痂，我才向你表露出像贾斯帕对我展现的那份情感。但若是贾斯帕像我曾对待你那样来对待我，我无法忍受。无论在我年幼时你我相处得多么糟糕，我清楚你自始至终像我爱贾斯帕一样爱着我，所以我知道这感觉是多么痛苦。可是你却从未开口提及那些我令你遭受的创伤或是疼痛。

如今，这种感情的缺失给我留下一幅未完成的画作，描绘的是你眼中的我。当我试图在你的眼眸中凝视我自己，我发现画布上有一片庞大的空白点。在我用父亲的角度回顾那些年时，我心碎不已。此时，我盼望着你能原谅我过去那些年幼无知的残忍行为，可我不知道你要如何原谅我，因为你拒绝承认我给你带来的那些伤害。

山姆： 对我来说，承认自己对儿时的你持有负面情绪，永远是艰难的事。许多年过去了，我依然很难辨认，你的哪些行为不是一个好儿子该有的。

不过相对地，我也更容易归纳出你的哪些表现给我带来不愉快，好似你是嵌入我血肉中的荆棘：

作为一个孩子，你撒谎并通过夸大事实来掩盖你的不足，使我无法

判断你什么时候在说实话;

作为一个青少年,你令人难以忍受,你通常对全世界都极度傲慢,尤其是面对我和你的母亲时;

你吸食太多大麻;

你装病的行为和怨恨的情绪把我置于双重困境之中。当我指责你的消极态度时,我反被指控为过于独断;

五年间,每次在我试图拍照的时候,你都朝我竖中指······

但是,这些小毛病都只是表面的行为,并不能解释为什么在你漫长的青春中,我时常感到愤怒并且对你怀有恶意。

吉福德: 此时此刻,我认为依旧困扰着你的不是你对自己身为人父的某些行为产生的愧疚感,而是你不能够体会或是理解我们之间的隔阂到底带给你多大的伤害——那些伤口是多么深且难以愈合。

对我而言,回想我曾对你多么残忍同样很难,可是我希望你能宽恕的是在你刚刚返回肯塔基的那些年里,我强加于你的残酷行径——而不是那些相对无害的小毛病,譬如对你竖中指或是抽太多大麻。

若是你表达了谅解,但不能意识到那些伤害之深——那些被施与并承受的残忍行为——那么这份原谅的声明也就几乎没什么意义了。

山姆: 我们总算谈到了问题的本质。

最令我难以忍受的是空虚——但这并没有发生。当你向我讲述你与你儿子之间所分享的温柔时,我的心中产生了一阵可悲的颤动,那是我曾经的哀伤和对我们之间缺失至今才重获的亲密感情而心生的渴望。

在我心中：

一片空白本该充实着爱，

一块残缺未曾被你填满，

一处伤口与疼痛从未痊愈，

一抹悲恸难以名状，

一份孤独漫无目的。

我掩藏起这些情绪是因为，我觉得我没有资格对你生气。如果你搞砸了，那是因为我是个糟糕的父亲。我认为你的轻蔑、怨恨、叛逆甚至更多的负面情绪都是我应得的。我永远没有办法还清这份债，毕竟你的谴责和我的愧疚之间的此消彼长，让我们的争斗永不停歇。

是的，我曾麻痹自己，这样我就不必感到受伤或是承认你伤害了我。我绝望并无声地希望你能爱我，所以我将察觉到的自己不被爱的感受压制了下去。我无法承认你伤透了我的心。我只希望假以时日你会宽恕我，但是我并没有意识到我需要原谅你。

此时，悲伤、渴望和宽恕与我的灵魂如影随形。

我原谅你，一如你宽恕我。

我们所犯下的罪过皆已超过诉讼时效。

宽恕的轮回迎来圆满。

第三十一章 感恩

如果你唯一的祷词是感谢，这便已足够。

——埃克哈特大师

吉福德：昨天我在圣塔菲北部的群山中结束了一场为期三天的单人徒步旅行。晚秋的天气是如此完美，阳光下温暖晴和，阴影中清新凉爽，偶尔会有刺骨的寒风。当我独自一人登上高山的森林腹地，我的思维仿佛静止了。一方面，我什么都没有思考——就好像在炎热的天气里跳入凉爽的水中，这可以算是一种解脱。

而从更深的层面来讲，我的心理感知变得非同一般的敏锐，经过孤独的历练，日常生活中的琐碎和喋喋不休也由于长时间背着行囊翻越地形崎岖的山脉而停止。群山中深远的宁静使我可以倾听自己内心的真实想法，而高山的壮丽为我提供了俯瞰自己内心风景的绝佳位置。在这里，有时候我会发现，找到那条通往心灵的曲折小道竟然变得如此简单。

在这次特别的旅行中，好似被内心的磁石所吸引，我发现我的思绪一次又一次地飘到你的身上。在这三天里，你的各种形象突然出现在我脑中，变戏法似的从回忆的薄雾中浮现。

我记得……

我记得那时我们还住在缪尔海滩，在一个星期天的清晨，我起床后发现你穿着一条红色三角内裤一边在客厅里跳舞，一边还随着音乐哼着火辣吞拿鱼乐团的歌曲。你调高了立体音响的音量，以有力的、纯正的男中音唱道："你知道的，当我离开后，你这个冲浪手会想念我。"

由于前一晚我醉得不省人事，所以我没好气地说："看在上帝的分儿上，没人想看见这个，回到房间里去。"回想起当时的情景我笑了，不禁晃着脑袋感受那纯粹的、原始的、无法抑制的愉悦。

我记得在我们跟随一个徒步旅行的团队到达犹他州帕瑞亚峡谷的第三天，我们来到一个地方，那里橙色的峡谷壁有五百英尺高，不到十英尺宽，峡谷间的河流很深，根本不能走过去。你扔下你的背包，脱下你的衣服，奋力游泳穿过那冰冷的水流，你也不知自己游了多远，只是不断前行，一直游到了你可以站立的地方。结果你只游了五十码的距离。我还记得，当安·盖伦将四个收纳袋吹满空气，坐在上面划过你所在的位置时，你看起来是那么愚蠢。整整一天，安·盖伦都没有被水沾湿，一直保持温暖——但是我就爱你的傻气、鲁莽和自负的勇气。

记得我六岁时，我们旅行至亚利桑那州中部的某个地方，休息时，你发现一条响尾蛇盘踞在一根木头后面。你坚信有一些粗心的人会不小心踩到而被蛇咬，所以你卸下了车上所有的东西，制造了一支二战时期的老式军官手枪（对此我非常惊讶），然后近距离地对准蛇开始射击——

十二发子弹，没有一发命中目标——然后你略微不好意思地用一根木棍打死了那条蛇。

我记得我二十三岁时的迷失和心碎；我离开在华盛顿州建立的小木屋，去追寻我的爱情；我睡在朋友家的沙发上过夜；我在你那里度过周末；我重新开始做临时的木匠工作；还有一次经过你身边时对你说："我的朋友查尔刚刚申请了圣约翰大学。他很聪明，但不善于学术，所以那里一定是个非常棒的地方。"

你说："那我们明天就去那里。"我们的确这样做了。我经常想，如果没有这样做，我会走上怎样的人生道路。

我记得我们一起远足至虎穴寺，那是位于不丹境内喜马拉雅山脉上的神圣寺院；

我记得我们一起在峡谷地国家公园里攀爬针峰；

我记得我们一起去夏威夷潜水，还有一位优雅的亚洲女性同行。她向我招手（我知道你认为她招手的对象是你，但是……），邀请我跟她潜入更深的地方。

但这时候，所有的回忆第一次伴随着强烈的喜爱和赞赏之情，从我内心汹涌而出。

原来这么多年我都是爱你的。

直到现在——没错，在我五十四岁的时候——我才如此纯粹地感受到这一点。

奇怪的是，这些并不是新的记忆。去年我也可以回忆起相同的事情。但那时，它们被悔恨所玷污，被愤世嫉俗所腐蚀。我透过名为不信任的滤镜、使用名为伤害的筛网来解释每一段记忆。

这都是因为每当我想到你的时候，无论我有没有意识到，首先出现在我脑海中的是你逼我吃下的鸡蛋、你对我的遗弃、那根我永远无法劈开的木头和那一晚的噩梦——这些都是我小时候影响我最深的失败经历。

然而不知为什么，通过一些好似炼金术般神奇的过程，比如与你交谈、为你写下我的经历、阅读你的经历等，那些长久影响我的事件失去了它们原先的样貌。我不再把它们视为最重要的事。这些记忆仍然在我心中占据着关键的位置——也许永远都会，但它们现在只是在我心中占据着合理的大小，具有适当的重要程度。它们不再是我记住你的唯一方式。

当这种改变发生的时候，我发现这些故事似乎一直是封住记忆之瓶的软木塞。拔出软木塞后，成千上万的回忆流入我的脑海之中。但这一次不再是黑白的影像，我看到你出现在各式各样的彩色胶片上。

数十个与你一起建造房屋的场景浮现在我的眼前，在童年，在很早以前的圣诞节，在我去德尔玛市、去华盛顿州、去缪尔海滩拜访你的那些懒洋洋的夏天中发生的上百段记忆，如同潮水一般向我涌来。

并且都充满了爱与赞赏。

好似我们全部的过去都被改写。

我行走在高山里的那三天中，我不断地想到你。

现在我想告诉你的是，我认为你是个非常了不起的人。你张扬地生活着，甚至还有些狂妄自大。当然你也会把事情搞砸，造成非常严重的后果，然而这只是事情的一方面，要知道凡事都有黑白两面。这么多的喜悦、痛苦与华美，这么多精彩的瞬间，都是你赋予我的，也都是我们共同经历的。这是何等的多姿多彩。

如今，我同时感受到了悲伤与感恩：悲伤，是因为我希望我可以早点察觉这一切；感恩，是因为我们能有机会一起经历这个变化的过程，而且我能在你还活着的时候告诉你这一切。

第三十二章 后记

对长大后能真正理解父亲的儿子来说，

折磨的苦恼已经过去，世界不再是眼泪的山谷，

而是趋于幸福、仿佛无尽春日的当前。

——约瑟夫·坎贝尔

大约在两年前，开始写这本书不久之后，我们发现，无意中我们正在创造一种崭新的启蒙仪式。我们从讲述自己的经历开始——但并不是所有经历的事情，我们必须深入自己过去的内心世界，回想那些有关背叛和伤害的最黑暗、最具影响力的记忆。很早之前，它们就已成为我们之间的隔阂。很多次，这些记忆展示的是我们宁愿保密的事情。

我们鼓起勇气进入心灵的禁地，揭开那些已成为神话的事件本质。长久以来，我们一遍又一遍地对自己低声诉说这些故事，以至于它们成为唯一的真相。当被暴露在阳光下时，它们承受不住自身的重量，轰然崩塌，化为灰烬。

我们的关系从1965年开始冻结。在此后的五十年中，每当我们在一

起时，在我们潜意识的舞台上，吉福德总是在吃那个永远吃不完的鸡蛋，倍感羞辱和受伤；而山姆一边在旁监督一边冲他大声喊叫，被困在暴怒和羞愧的场景中无法挣脱。

难怪我们不了解对方！

每当我们主动离开、远离对方时，我们各自的生活就丰富多彩。我们经历冒险，组成自己的家庭，经营自己的工作，成为真实的自己。但是，每当我们在一起时，我们便身不由己地被卷入完全相同的过去——山姆是内疚的加害者，而吉福德是心怀憎恨的受害者。我们陷入似曾相识、并不快乐的黑白场景之中。我们都知道接下来会发生什么——因为魔鬼的舞蹈被根深蒂固地埋在灵魂的记忆中。

在这种情况下，不可能发生新的变化。

然后，不可思议的事情发生了。当我们挖除过去那些令人厌烦的、几乎是创造出来的经历，许多新的故事从记忆的档案中自发地凸显出来。这些新的故事有着它们自己的阐述逻辑——每一件事都为世界打开一扇崭新的窗户。

这个过程有了自己的生命，并且使我们惊讶的是，这些故事自发地出现，推翻了近乎神话记忆的暴政，铲除了老旧的刻板印象。过去记忆中的我们已经死去。我们不会在自己的心中和对方的眼中再看到过去的自己。

在古老的部落文化中，启蒙是男孩成长为男人的一种仪式化的方法。通过这个过程，男人开始知道他在这个世界中的位置，知道如何成为父亲和儿子。但我们从来无法享受这些仪式带来的益处。在一些关键事情发生的时候，我们没有住在一起，彼此远离，所以我们无法共同经历这些事情。并且最根本的是，我们从未学会如何成为对方的父亲和对方的儿子。但是撰写这本书，数不清时间的深入交谈，最终使我们获得了与生俱来却从不知如何获得的父子关系。

在当今社会中，许多父子因急迫的工作和过分追求经济成功的文化价值观而疏远，此书为他们介绍了一种全新的启蒙方式。我们通过这个过程和一系列的仪式，拆解分析了影响我们最深的那些经历，在这个父子疏离的现代社会中，开始懂得成为一位儿子的父亲和成为一位父亲的儿子究竟意味着什么。

讲述这些故事和共同经历启蒙的过程改变了我们。我们不是面对面坐着、手拉手歌唱赞颂团结一致的歌曲《到这里来》(*Kumbaya*)，我们仍然会争吵——在写这本书的过程中我们也有一些极其激烈的争吵——但不知为何，生气的情绪像泡沫一样从心底浮到表面，很快就破灭了，并不会持续很久。它们失去了原先的力量。如今，我们之间的争吵更像是一场暴风雨、一种表达自己任性的行为，虽然出现得突然且毫无预警，却可以很快消失，只留下清新、明亮的风景。我们现在理解了愤怒只是我们的一部分，真正对话的表现形式通常是充满爱意的争吵。

但即使经过数次争吵，我们如今的爱依然完整、强壮和灵活。我们都觉得我们之间没有悬而未决的事件，没有亟待完成的任务，没有需要清算的旧账，也没有尚未排解的纠纷。

以全新的方式进行启蒙的结果就是，我们终于开始理解我们把对方放在心中怎样的位置上，我们的故事也以一种前所未有的方式展示了我们是如何属于彼此的。

吉福德来到了我居住的索诺玛农庄，所以我们可以面对面地一起为此书润色。终于，我们即将迎来本书的尾声。由于连续几天高强度的工作，我们精疲力竭，于是决定外出共进晚餐。在我们返回农庄的路上，开车经过一条狭窄漆黑的道路时，发生了一件事。

这个地方一直传言，有美洲狮在此居住，可能是在农庄下游的错综复杂的阿瓜卡连特流域。二十五年前我们一起建造这栋房屋的时候，我们就讨论过对于想要见到一只美洲狮的执着渴望。我们经常能好运地看到山猫、野狼和狐狸，但从未看到过美洲狮。由于某些奇怪的理由，我们认为如果没有与这些狡猾的邻居碰面，我们就还未真正地融入这个地方。我们经常到四周的高山和火山崖上远足，只拿着一根硬木棍，四处寻找猫科动物留下的痕迹。我们找到了一些美洲狮的尸骨，这证明了虽然我们的愿望很难实现，但并非不可能。毕竟，我们寻找的又不是独角兽或者一些虚构的怪物，只是一只难以捕捉、非常普通的美洲狮。

突然之间，我们看到了它们，并且一下子看到了两只。当它们刚蹿入车前灯射出的光束中时，我们先以为是狐狸，然后以为是山猫——但是当它们的尾巴也全部进入光束、我们能看到它们的全貌时，很明显这就是两只幼狮。它们看起来很奇怪，就像是吉福德很早之前养的那只橘色条纹虎斑猫的复制品。它们继续向前奔跑，步态慵懒，为了逃离光束

而彼此跌成一团，它们的躯体有着玩耍的小猫咪和强壮的成年人所有的魅力。当来到栅栏上的一个小洞口前，试图同时穿越这道屏障时，它们立刻变成一团无法分辨的橘色毛团，然后它们才意识到，必须轮流通过。当它们消失在灌木丛中后，我们仍感到心醉神迷、惊讶不已。

最初的兴奋衰退后，我们陷入了沉默。好像我们意外地步入一个期待已久的神秘时空，获得了陌生的赐福。我们突然看到了美洲狮，就好似经历了许多磨难最终追逐到了神圣之光，我们全部的爱从阴影中呈现。很明显，我们的故事幸运地获得了比我们预想中更加完美的结局。

这是一个值得庆祝的时刻。